媽媽加油

陳美齡為你解答37個教育難題

陳美齡 著
AGNES CHAN

序言
Preface

自從我開始分享自己的教育方法之後，接到很多家長的提問，雖然一直很希望為大家提供一些答案，但往往找不到機會。這次出版這一本「問答書」，是希望更加具體地幫助大家解決育兒上的問題，令家長能更安心地帶孩子。

家長比較困擾的是孩子的學習態度、親子關係，及情緒問題等等；也有些家長問及如何和孩子討論人生哲理，如何在現在的教育環境中生存等等。

非常感謝那麼多家長，向我發問那麼多有意義的問題，讓我更加了解大家的困擾。

現代社會，大家都忙於工作，而且隨著互聯網的普及，令保護和教導小孩子更加困難。因為每一天都有預想不到的事情發生，所以育兒是一個充滿挑戰但又充滿樂趣的過程。

雖然帶孩子並不容易，但我希望大家能夠享受這千變萬化的生活。有小孩子在身邊，人生絕對不會枯燥乏味。

用正能量、微笑和幽默感去面對育兒的挑戰吧！

希望這本書能為你解答一些關於育兒的難題，緊記不需要一個人承擔所有育兒的壓力，我很樂意分擔你的憂慮。若你有更多疑問，歡迎隨時發給我，我會盡量找機會解答的。

If there's a will, there's a way.

世上無難事，只怕有心人。

育兒需要的是愛心、耐心和同理心。

只要你和孩子心心相印，一切都容易解決。

育兒付出的努力，絕對不會是白費的，到頭來一定會帶給你無限的安慰。

加油啊，爸媽！

學×習

Ch.1

Learning

人是喜歡學習的動物，不學習就不能生存下去。但若學習變成義務，孩子就會失去興趣。只要不減低孩子們學習的意欲，自自然然孩子就會喜歡學習。

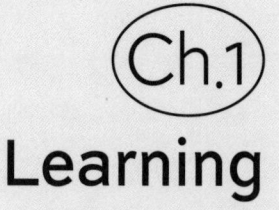

Q 常常說「求學不是求分數」，但是我真的覺得不可能，因為香港太現實了！我不是不想支持孩子追求興趣和夢想，可是光靠夢想能成功的只有少數，一想到他以後可能生活潦倒，我就不敢不迫他努力讀書！請問我應如何取捨？

雖然說求學不是求分數，但其實分數是十分重要的。因為香港的教育制度，是需要分數來打開下一道門。學校和社會用分數來衡量學生們的價值，分數高的孩子是好孩子，分數低的孩子有問題。

當然，其實每一個孩子都是好的，只是有些擅長讀書考試，有些擅長其他東西。但因為教育制度的眼光狹窄，有很多孩子被忽視、低估，令他們失去信心。正如你指出，這是現實，那麼我們如何去作出平衡呢？

我的做法，是把學習和分數分開。

學習是為了滿足好奇心，得到知識來令自己的人生更豐裕。

分數是為了滿足社會的要求，得到鎖匙去打開下一道門，例如考上大學等等。

學習並不限於在學校，什麼時候我們都可以學習，學無止境。學習過程應該是開心的、興奮的。對什麼有興趣，就去學習。沒有人會評估自己，不用和人比較，自由地用自己的方法和速度去學習。

分數是學校用來衡量學生進度的方法。學校的課程，是社會覺得孩子到某一個歲數時需要知道的基本知識。老師教課之後，為了知道孩子們是否明白，所以要學生們考試，考試後給學生一個分數。老師用分數來比較學生，讓學生和家長們評估自己。這評估的意義，是看學生和同期的孩子是否同步，追不追得上，合不合格，有沒有了解課程。

我告訴孩子們：「學校的分數不能代表你學習的成果，只是代表學習其中一部份的結果。大部份的學習不是在學校裡學得到的。媽媽不會用學校的分數來評估你的。」

學校的功課和考試令孩子十分忙碌，一天到晚我們都在應付學校的要求。但當大家的共識是「學校的分數並不能代表孩子的學習能力」時，壓力就會大幅減少，孩子的自我肯定力不會被分數控制。

孩子有高度的自我肯定能力，才能安心學習。孩子失去了自信，學習就會變成痛苦，受分數的高低影響情緒。

所以家長必須首先和孩子溝通，讓他們明白學校的分數只是一小部份。

把這個思維固定之後，第二步就是如何令孩子喜歡學習。效率好的學習方法，每一個人都不同。我喜歡一邊行一邊背書；大兒子喜歡面對書桌，正正經經地學習；二兒子喜歡用耳朵來聽書；三兒子喜歡在嘈吵的地方看書。每一個人都有他喜歡的學習方法，找到你孩子喜歡的學習方法，可以幫助他的學習效率提高。

第三步就是如何提高孩子學習的分數。

不是希望孩子考第一，而是希望孩子不怕考試測驗，覺得上學是快樂的，考試是好玩的。

我的方法是令孩子覺得考試是一個遊戲。

小學低年級的時候，每當考試，我都會和他們溫書。

然後我會說：「我們玩一個遊戲，一起猜猜明天老師會問什麼問題。猜對的人就是最棒的！」

我先讓孩子猜問題。要是他們猜的問題不到點，我會猜一些到點的問題。要是他猜的問題很到點，我會隨便猜其他問題。

各自把猜測的問題寫出來之後，我們會順著問題來作模範答案。這個過程不但可以幫他們溫習，也可以幫他們想一想什麼是最重要的內容，更可以練習如何答問題。

因為已經練習好，答案也寫了幾次，他們會很安心地睡覺。第二天早上，他們會很興奮地上學，充滿期待地考試：「看看媽媽猜得對，還是我猜得對！」

放學回來之後，他們就會告訴我：「我猜對了！我猜對了！」或是：「我猜錯了……媽媽你猜對了。」他們猜對的時候，我會讚賞他們，又會表示不服氣，下次一定會勝出。他們猜錯了，我就會說：

「絕對不會讓你取代我的王位！」

用這個遊戲的方法，能夠消除孩子們對考試的恐懼和抗拒。從低年級開始做這個練習的話，到他們高年級或中學的時候，就可以自己從內容中找到最重要的地方，知道老師會出什麼問題。而且因為有先把問題寫出來的習慣，做好準備，無形中分數也會提高。

考試是進入老師的頭腦，了解老師在想什麼，預想問題，然後練習。

練習的時候要把握時間，算一算做每一題需要多少時間，考試時要有充足時間把所有問題答好。

答每一條問題之前，先把想寫的內容列出來。一方面可以防止自己忘記重點，另一方面就算寫不完答案，也可讓老師知道你是明白內容的。

遇到預想不到的題目時，不要交白卷。把自己學過與這題目有關的知識寫出來，希望不會得到零分。

我們要告訴孩子，追求夢想和上學是沒有衝突的。

上學是追求夢想的一部份。

為了追求夢想，孩子必須要有基本知識，也要獲得「入場券」，進入第二道門。但我們不可以當上學就是夢想，上學只是追求夢想的工具之一。

太注重分數，會令孩子失去學習的興趣，從中失去很多認識自己的機會。不認識自己的孩子是閉著眼去夢想，這樣他會遇到很多挫折，碰到很多牆壁，甚至受傷。

為了讓孩子張開眼睛去夢想，他必須明白自己的目標。有些夢想需要拿高分數，有些夢想只需要合格的分數。根據孩子的夢想，分數的重要性會有變化。

我們當家長的，應盡量鼓勵孩子去尋找，自己究竟想做一個什麼樣的人。

那麼他就不會浪費時間，學習不必要的東西。

請你為自己和孩子減壓，不要被教育制度影響孩子應有的快樂童年。加油啊媽媽！

（我有很多幫助孩子學業的其他方法，都是在家裡可以做得到的，請參考我的《五十個教育法》一書。例如提高集中力、讀解力、分析能力等等，都可以在家裡鍛煉的。但因為項目太多，不能在這裡全部提及，請諒。）

Q 美齡老師你好，我知道你的教育方針有一條是讓孩子有一技之長，因為有一技之長的孩子會更受歡迎，人生也會比較穩定。但是很多父母不懂得觀察自己的孩子，不知道自己的孩子擅長和喜歡什麼。

要看到孩子的一技之長並不容易，但觀察孩子的性格、擅長的事和愛好，從中找到他追求什麼和適合做什麼職業，是有可能的。

觀察孩子是每天抱著好奇心去看孩子的行動。有些孩子是好動的，有些好靜；有些喜歡和其他孩子玩，有些喜歡獨自享受時間；有些非常細心，有些大意；有些愛笑，有些愛哭；有些喜歡小動物，有些怕小動物；有些吃得開胃，有些對吃沒有興趣；有些聽到音樂會有反應，有些完全好像聽不到；有些愛看書，有些愛聽故事；有些大膽，有些怕事；有些愛逗人笑，有些見人就臉紅；有些喜歡作決定，有些下不了主意；有些精打細算，有些隨便算數；有些著重打扮，有些不理會外形；有些凡事緊張，有些淡定理性；有些長得高大，有些個子小；有些長得特別好看，有些普普通通；有些愛游泳，有些愛打波；有些愛鬥嘴，有些不說話；有些喜歡畫畫，有些喜歡作文……留意孩子的每一天，家長可以看到孩子的傾向。

對音樂完全沒反應的孩子可能不適合做音樂家；對吃沒興趣的孩子不應做廚師；粗心大意的小朋友可能不應該做會計師；喜歡鬥嘴的小朋友可能可以做律師；喜歡畫畫的小朋友不但可以做畫家，還可以做設計師，甚至建築師；愛打扮的小朋友可以做化妝師、服裝設計師等等。

就算不能完全指定做什麼職業，但傾向一定能看得到。

譬如我的大孩子很喜歡策劃、領導。

我覺得他長大後可能會做政治家或開設自己的公司做老闆，果然他真的在二十多歲就做了CEO，自己話事、自己經營，十分符合他的性格。

兒子喜歡音樂，對聲音很敏感，我本以為他可能會做歌手，但爸爸反對，於是他在史丹福攻讀音樂和工程科，現在是一個設計音響效果的工程師，也是非常適合他的嗜好。

三兒子自小喜歡電腦，也喜歡看書，充滿新念頭，現在他是人工智能的專家，是非常適合他的一個行業。

所謂一技之長，不是指譬如做木工或修理汽車，或是醫生、護士這些「職業」，而是孩子「擅長做的事」。那就是他的長處。愛說話的孩子可以做播音員，喜歡買東西的孩子可以做百貨公司的買手，愛睡覺的孩子可以研究有關人類睡覺的習慣，或到製造床褥的公司工作。

孩子喜歡什麼，我們就鼓勵他去追求。因為每一樣東西都有專門的知識，只要孩子有一門他特別精通的東西，他就一定能找到自己的定位，利用自己的長處謀生。

我朋友的女兒不喜歡讀書，愛打扮，愛畫畫。現在她是一名指甲美容師，很幸福。

另外一個朋友，他喜歡旅行，現在在旅遊公司作導遊。

有朋友的女兒打政府工，因為她比較內向，也愛穩定的日子。

也有朋友的女兒當上了警察，現在是督察。好動、愛幫助別人的她，覺得「當差」最適合自己。

如此這般，小孩子都有自己的特長。我們當父母的，應盡量鼓勵他去把自己擅長的東西做得更好，不應該勉強他們去滿足我們的選擇。

每天好好觀察孩子吧！孩子會告訴我們他最適合的道路！

Q 疫情下，小朋友轉為網上學習，感受到很多老師的壓力，負面情緒湧現，對學習失去興趣，應如何幫助他們？上網課時，不時偷偷上網看視頻或漫畫，完全不專心上課，請問有什麼辦法令其更專注？

自從疫情發生之後，我收到很多家長詢問，有關疫情對子女身心成長影響的問題。

家長不但憂慮子女會否染上新冠疾病，更加因為需要隔離、保持社交距離、學校停課、戴口罩，甚至每天做檢測等等，生活出現重重阻礙。而且疫情令經濟受到嚴重打擊，養兒育女需要有一定經濟資源，有些家庭根本不能支持下去。

那麼我們當家長的，如何能和家人一起渡過這個難關呢？如何利用這個難關變成一個學習的好機會呢？

我收到很多有關上網課時的問題，現在學校已重開，大家都鬆了一口氣。但疫情反覆，所以我在這裡向大家做一些提議，要是將來又要上網課的話，可以作為一個參考。

首先，網上課程不是所有小朋友都適合的。有些小朋友可以集中，有些不能；有些小朋友能從中學會自己學習，但有些小朋友如果沒有面對面的指導，就會不知所措。

要是我的孩子要上網課的話，我第一時間就會教他們把課程錄下來。

可能因為各種理由，上課沒法聽清楚，或聽不明白但找不到發問的機會；也可能孩子不能集中，或趕不上抄寫。所以我會提議把課程錄下來，他有不明白的地方，就可以重複看老師的教導。早上不能集中，晚上可以再看一遍。做功課的時候，可以重新再看。

這是在課室上課時所沒有的優點。只要用這個方法，網課就不是負面，而是正面的學習方式。

我們放工回家，可以和孩子一起溫習，老師說得不清楚的地方，我們可以細心補充。

還有，平常課室裡面發生的事，我們看不到。但在家裡觀察孩子上網課，可以看到老師的教學方式，和孩子上課時的態度。這是千載難逢的機會。孩子上課態度有問題的話，我們可以及時幫他改正。老師有問題的話，我們可以在家裡調整。

這樣，家長能拿回教育的主導權，更加了解孩子學習的進度。

就如上面的兩個問題：

- 孩子感到壓力，失去學習的興趣。
- 孩子不集中，偷看其他網上內容。

這兩個問題都可以把課程錄下來再解決。

孩子感到有壓力，可以告訴他不要心急。慢慢來，不明白的地方一起重溫就可以。而且這只是一個過渡期的上課形式，很快就可以回學校。

孩子在課程中偷看其他東西，是十分令人擔心的行為。因為這是明知故犯，知道老師不會看到，就偷偷去看別的東西。你問問他是否已經完全明白了課程，所以不用聽呢？或是不尊重老師，所以獨自離開課堂？告訴他不可以再這樣做，因為這等於是上課時離開課室一樣，是絕不能做的事。你可以把課程錄下，和他重溫，堅持要他完全明白才可以下課。

話說回來，在疫情期間，我希望家長不要太在意孩子的學習和成績問題。最重要的是身心健康，找多點機會給孩子運動，多和他們談談心事，吃得健康點，早睡早起，保持孩子的正常成長。只要孩子健健康康，其他事情，慢慢解決也不遲。

千萬不要給自己和孩子太多壓力。

疫情令家人在一起的時間多了，利用這段時間，和孩子們製造多些美好的回憶吧！找一些共同目標，譬如一起學會花朵的名字，或天上的星座。譬如把世界遺產的地名都記住，找一個特別想去的地方，計劃未來的旅行。一起去學烤麵包、做點心……等等。

當疫情過去之後，希望孩子回想起這幾年時會說：「媽媽，疫情的時候很艱難，但我們有很多快樂時光啊！」

疫情中，若我們不感受到生命的寶貴，和家人在一起是多麼感恩的話，那我們就是白費了這段時間了。

活著就好了，健康就好了！

加油啊媽媽！

Q 孩子的拖延症很嚴重。她對有興趣的事情會做得很仔細、很投

入，但是對學校以外的輔導練習就很反感。補習老師說她只是欠了要贏、要成功的決心，所以很隨便。

她的成績也是中下游，時常犯大意的毛病，功課常常快快做完了事。事後她雖然會跟我說對不起，但很快又忘記。她很快就要參加升中考試了，我應該如何激發起她要贏的決心呢？如何讓她有自發性去做呢？

從媽媽的文章裡可以看到幾個問題：

孩子有拖延症，上進心不足，不好勝，大意，欠自發性等等；

但也可以看到孩子做有興趣的事情的時候很投入，又有自發性。

如此可見，孩子是有能力的，只要她願意，她可以做得很好。

讓我們嘗試站在孩子的角度想一想。

孩子可能無意識中不同意你或補習老師的想法，所以當她做你和老師希望她做的事的時候，她會無心機，慢吞吞，拖延，不集中。而且她知道就算做錯了也沒有什麼大不了，只要向媽媽認錯就可以。

旁邊的大人越催促她，她就會越用拖延的方法去對抗。

大人所著重的成績、好勝心等等，對她來說沒有特別意義，尤其是媽媽所說的學校以外的補習班練習，她特別抗拒。

孩子現在的節奏已成習慣，要她改變的話，就要改變她處事的節奏。

我提議不再讓孩子去參加補習班，或不再聘請補習老師，讓孩子專心學校的課程。

選一個孩子特別喜歡的科目，在家裡輔助她，讓她在這科目上得到高分。這能提高孩子的自信心，也能讓孩子有成就感。

孩子會覺得「只要我專心，我有能力的，我可以做得很好」。一個科目做得好之後，其他科目的分數也一定會轉好，因為孩子明白到如何利用自己的能力，如何專心面對學習，從中得到喜悅。

有一些孩子喜歡參加補習班，或接受補習老師的教導；但有些孩子比較適合自我學習。不是因為旁邊有人才做功課，而是「我知道要做功課，也知道做功課的原因，所以我做功課」。

得到知識時，腦袋會有興奮的感覺。但如果大人時常在旁邊輔助的話，孩子不能感受到那份喜悅。

所以你需要讓孩子覺得，那是她自己爭取到的知識，自力爭取到的成功，而不是大人要求她做的事。

至於如何提高孩子的分數，最佳的方法就是把教科書拿出來，尋找孩子開始不明白的地方，然後慢慢從那個地方溫習，一直到現在的進度為止。

有些時候，是從前一年的課本開始已不明白；有些時候是兩、三個月之前開始。無論從什麼時候開始不明白，都要從那個地方開始重新學習。

這需要時間和耐心。

若果孩子一直有不明白的地方，她就會越來越退縮，覺得課程乏味，放棄努力進修。但當她開始明白每一個課程，她就可以積極參與，和跟得上之後的課程。那麼上課時就會覺得輕鬆，可以享受學習的過程。

在溫習時，要告訴孩子學習不是為了提高分數，而是希望能快樂學習。喜歡和明白課程就夠了，並不需要拿到高分。這不但可以減低給孩子的壓力，更可讓孩子知道學習的原本目的。

明白課程之後，孩子的分數自然會提高。有看得到的成果，孩子自然會更積極地去學習。

我覺得你的孩子是一個聰明的孩子，希望你不再依靠補習老師或補習班，轉用你的耐心和愛心，去培養孩子喜歡學習的精神。

每一個孩子都是喜歡學習的。

人是喜歡學習的動物，不學習就不能生存下去。但若學習變成義務，孩子就會失去興趣。

只要不減低孩子們學習的意欲，自自然然孩子就會喜歡學習。

媽媽加油。

Q 孩子做功課總是慢吞吞，定了時間表，但最近經常沒有按時完成。明明功課只要十五分鐘便可完成，但即使用了鼓勵的教導方式，也加入獎勵計劃，也沒有效。請問有什麼方法改善？

小朋友做功課不積極，令很多爸爸媽媽都覺得很頭痛。

心理學家指出，若要孩子積極做某一件事，需要令他覺得那件事是值得的、與他的生活有關連的。這樣孩子就會積極地去完成。

很多小孩子覺得做功課是辛苦、無謂、沒意思的，所以不樂意做。若果可以的話情願不做。

當初，我的孩子也有同樣的弊病。

讓我分享一下我是如何克服他們對功課的抗拒。

我首先對孩子解釋為什麼要做功課。

「做功課可以把上課時學習了的知識重溫，知識會更鞏固，不容易忘記。有不明白的地方，也可以在做功課的時候找到，重新學習。而且功課做得好，會得到分數。」

我的大兒子瞪著眼睛對我說：

「我明白課程，也不會忘記。我不稀罕高分數。那為什麼要做功課？」

嘩，好聰明的反駁！

我告訴他：「你知道你明白，我也知道你明白。但老師不知道啊！做功課可以讓老師知道你明白，讓他不要憂慮，安心繼續教學啊。」

「那麼做功課是為了老師嗎？」大兒子問我。

我說：「對啊！有一部份可以說是為了老師的。媽媽也是老師，我在大學教學生，我要看了他們寫的論文，才知道他們明不明白。有不明白的地方，會重複教導他們。所以功課是可以幫助老師的啊。」

他們聽了點點頭：「嗯，原來如此！」

之後他們就沒有再問我為什麼要做功課了。

另外一個我的方法就是說：「媽媽很喜歡做功課，但媽媽是大人，已經沒有功課。所以我很希望能和你們一起做功課。每天都要留一些功課和我一起做，好嗎？」

當然我不會幫他們做，但我會很羨慕的看著他們做。無論有多忙碌也好，到孩子小學六年級為止，我都是和他們一起做功課的。

有些時候回不了家，我會打電話給他們，在電話旁邊輔助他們做功課。做功課就是我們親子的交流時間。

沒有功課的時候，我會說：「哎呀！真失望，今天沒有功課。」

小學的時候，這個方法特別管用。

孩子覺得自己有功課做，好像很驕傲，而且能和媽媽分享時間，又覺得很溫馨。你也可以試試看。

很多家長說陪伴孩子做功課，會不會令他養成依賴？

以我的經驗，我覺得不會的。

他們做功課，我在旁邊看書，有時給他們一點吃的。

直到現在，我們想起，都覺得那個時候很溫暖，是好的回憶。

所以盡量把做功課變成一種享受，那麼孩子就不會覺得太辛苦。

要是你只是催促孩子做功課，希望他快點做完的話，他們就會覺得功課是一種負擔。

改變他們的思維，讓他們覺得，功課除了幫助自己也幫助老師，媽媽和自己一起做功課的時間非常愉快，那麼孩子就會積極一點做功課。

加油啊媽媽！

Q 兒子小學時，因為讀的不是名校，當時他成績很好，常常在十名之內。但升上中一，雖然因為好成績，派到區內最好的中學，但其他名牌小學的精英聚在一起，反而競爭太大，他第一個學期的名次差不多一百名也達不到。他受了很大的打擊，我應該怎樣安慰他？

孩子轉讀名校之後，發覺其他學生的水準很高，突然排名降低，有點喪失自信，這不是一件壞事。因為能和其他精英聚首一堂，是很難得的機會。就算排名不高，其他同學給他的影響，也一定會提高他的水準。

所以你應該解釋給他知道，不需要著意排名，最重要的是自己做好自己，專心學習。

其他同學做得好不好，與自己沒關係，做好自己就夠了。

能夠有機會在這間學校學習，已經表示他非常優秀，絕對不要擔心自己不及其他小朋友聰明，因為在社會上，他已經是得到認同。

你要坦白告訴他：「媽媽不在意你的排名，只要你好好學習，一定能夠發揮到自己。可能一開始排名會不高，也沒有問題。因為在整個區域來看，你一定是在最好的 10% 之內。」

當我在美國史丹福大學攻讀博士學位的時候，因為我專攻教育，所以會接觸很多剛入學的學生，作心理調查。

能夠進入史丹福的學生，都是從美國各州聚集來的精英，很多學生都是在他們的高中考第一的。但當他們進入了史丹福大學，發覺全班同學都是考第一的學生，突然間發覺有很多比自己優秀的人，他們表示很擔憂自己不夠水準。

在以前的學校是高材生，得到很多讚賞，但來到史丹福，發覺所有人都是高材生，有點不知所措。

我們告訴他們不要擔心，因為排名根本是沒有意義的。最重要的是他們能夠發揮自己的潛能，在史丹福大學做好自己希望做到的事就好了。因為很多時，並不是考第一的人就最成功的。史丹福的舊生裡，有成功的企業家，有政治家，有教育家，有作家，但他們都未必是排前十名的學生。能在優質學府裡學習是很好的機會，不要分心。努力找到自己真正想做的事，發揮自己的潛能，那麼一定能在社會上成功，和得到愉快的人生。

我們更告訴學生，分數並不能代表他們的能力。一個有能力又聰明的人，不應該著重分數或排名。

你也可以用這番說話解釋給孩子知道，不需要與人比較。應該盡量利用學校的資源和老師的教導來進修，不要理會其他人的成績或眼光。

我們的教育制度，往往強迫小孩子去接受不停的衡量和比較。這其實對孩子的心理影響很大，他們會覺得自己的價值是在一個數字上面。

我們要好好解釋給孩子知道，數字不代表他的內心、他的潛力和他的能力。孩子的實力是不能用數字來評估的。

鼓勵你的孩子用自己的速度去學習，尋找到他的夢想，然後一步一步去實踐就可以了。

恭喜你的孩子進入了名校，你應該覺得很高興和安慰！

多多鼓勵他，支持他吧！

加油啊媽媽！

Q 美齡老師，我的孩子五歲，去年嘗試過幾次鋼琴課，他今年想叫我買鋼琴，我不知道要不要買。我自己也不認識好的鋼琴老師，要怎麼辦？因為學琴需要不少開銷，看網上的教學視頻學可以嗎？

孩子對某一件事感興趣，家長都希望幫助他發揮潛能。

若是打球、跑步等運動，經濟上的投資和負擔不會很大。但學鋼琴、買鋼琴的確是非常大的開銷。很多時小孩子一開始表示喜歡，但過了一段時間又會覺得無興趣。所以我提議你先找一個好的教鋼琴的網上視頻，讓孩子學習一下，要是他真的很喜歡的話才作下一步。

至於買鋼琴的事，最初可以買電子琴，88鍵的應該足夠吧。而且沒需要買新的，買一個舊的也可以，在網上應該可以找到便宜合用的。電子琴雖然不能鍛煉按鍵的指力，但初步學琴時，基本上是沒有問題的。

如果孩子真的有進步，又有興趣的話，再看看是否需要找老師和買鋼琴也不遲。

我小時候每天下課，回家前都會站在琴行外面看其他小孩子彈琴，很想學，但又沒勇氣問媽媽。媽媽知道後，省吃省用，錢留給我去學琴。後來家境轉好之後，還買了鋼琴。但到頭來我喜歡的樂器是結他。雖然家裡有鋼琴，我卻很少彈，真的覺得有點對不起媽媽。

我自己有了孩子後，也有讓他們學琴。因為學習樂器對小孩子的腦袋成長有良好影響。聽覺、視覺、手足的配合、節奏的掌握，欣賞旋律的感覺等等，都可以激發腦袋的成長。所以從小學習樂器是一件十分值得推薦的事。

但我的三個孩子都不太喜歡彈琴，也不用心練習，老師也沒有他們辦法。過了一段時間，我們都放棄學琴這回事了。最後老大愛上了色士風，老二愛上了結他，老三也是喜歡結他。

所以說，不要急著去買鋼琴，先在網上學習看看情況比較好。

另外一個提議，是讓小朋友多接觸一下其他樂器，看他有沒有興趣。如口琴、手提琴、古箏、琵琶、笛子等等都是好選擇。你可以帶他去看樂團的表演，指出有各種樂器，回家後可以在網上聽聽他喜歡的樂器，讓他有多些選擇材料。

無論什麼樂器都能夠鍛煉孩子的反應和腦袋，所以我贊成從小讓孩子接觸音樂和讓他學習一種樂器。有天份的孩子，很快就學得很好，你可以看得出來的。但我們的目的不是希望他們成為大音樂家，最主要是希望他們有一個靈活的腦袋和能欣賞美麗東西的心靈。

音樂是人類互相溝通的一種渠道，音樂不但可以跨越空間時間，也能夠讓人得到共鳴、安慰、喜悅、興奮等等。一首音樂能勾起無數回憶，一首歌曲能訴盡我們的情意或委屈。我是一名演唱了五十多年的歌手，當我為歌迷們唱出五十多年前的歌曲，他們會好像回到青春時代的自己，有如踏入時光隧道，陶醉在音樂的旋律中。這就是音樂和歌曲的力量。讓孩子活在一個有音樂的環境，會幫助他們有一個更豐富的人生。

話說回來，我三個兒子中，老二最有音樂細胞。他在史丹福大學的雙學位，其中一個就是音樂。他不但能自彈自唱，也會作曲作詞，雖然不是職業歌手，但有很多喜歡他音樂的人。可以說我從小對他的培養是沒有白費心機吧。

孩子對鋼琴有興趣，是因為你讓他上了幾堂鋼琴課。你做得很對啊！再進一步讓他接觸多一點其他音樂和樂器，相信他一定能從中找到自己最適合的樂器的！

加油啊媽媽！

Q 美齡老師，兒子五歲，想請教你是怎樣進行英語啟蒙的呢？

小孩子學習英語，最重要的就是有一個能夠接觸英語的環境。

若你能說英語的話，你可以只用英語與孩子交談，而爸爸就只用中文。用這個方法，孩子就會很自然地成長為「雙語兒童」。

如果你不會說英語，那就需要為孩子準備一個能每天接觸到英語的環境。譬如，播放英語的歌曲，讓他看有益的英語節目，播放一些用英語閱讀的童話等等。

每天都讓孩子接觸英語。對小孩子來說，能聽得明白是非常重要的。

然後希望你也開始學習一些英語，用簡單的英語和孩子交談。

因為當小孩子學習語言的時候，他需要覺得那語言是可以在生活上用得著，否則很快他就會忘記。

如果他需要在生活上用英語，很快他就會學習得很好。

媽媽可以這樣做。

譬如你覺得他渴了，你用英語問他：「What do you want to drink?」

如果他說：「橙汁。」你搖搖頭說：「Please use English.」耐心等他記起來，當孩子說：「Orange Juice!」你才給他橙汁。也要讚他說得好：「Very Good!」

日常，當孩子有什麼要求的時候，你都邀請他用英語。那麼他會發覺英語用得著，就會更專心學習。

有些媽媽對我說：「我的英語口音不好，我不想用英語和孩子說話，怕他發音不準確。」這是不用憂慮的。只要你給他聽標準英語的聲帶、歌曲的話，孩子的英語口音一定會很標準的。所以就算媽媽英語不太好也不需要擔心，最重要的是多用英語和孩子交流。

當然送孩子上英語班也是一個好辦法，但家裡的環境更加重要。

另外一個好辦法，就是讓孩子交一個說英語的小朋友。

那個朋友可以是一起學習英語的同伴，當然最好是能交一個只懂得英語的小朋友，因為為了和朋友溝通，孩子會很努力地說英語，在自然的交流中會學得很快，也不會覺得辛苦。

若果身旁沒有只說英語的小朋友的話，可以嘗試在網上找一個，通過交流讓他們成為夥伴。這個方法不但可以讓小孩子接觸到英語，還可以讓他理解其他國家的文化。

因為我在日本工作，所以我的大兒子幼年是在日本生活的。

要他學習英語，真的不容易。雖然我已盡量在家裡和他說英語，但他不喜歡跟我說。孩子三歲的時候，我到美國史丹福大學攻讀博士學位，把大兒子帶到美國。

初時孩子不用英語說話，但過了兩三個月，他已經能用英語表達自己、交朋友、玩耍等等。原來我在家裡跟他說英語，表面上他沒有什麼反應，但其實在他的小腦袋裡面已經有了記憶。所以我鼓勵媽媽多在家裡和小孩子用英語交流，為他製造一個接觸到英語的環境，絕對不會白費的。

我很鼓勵孩子多學其他語言。

每一種語言都有獨特的規劃，而我們的思維是在這規劃之內形成的。學多幾種語言，就可以在不同規劃之中得到各種感受和表達自己的方法，世界會變得更加廣闊，更加豐富。

雖然現在可以用人工智能幫我們翻譯，但不知道翻譯出來的文章是否正確，會令我們覺得很不安心。學習多種語言，不單可以感受和表達更多情緒，更可以學習到各種文化，是非常幸福的一件事。

我本身可以說中文、英語和日語。能了解多種文化，令我的人生豐富了很多。所以我鼓勵媽媽們給孩子學多種語言，那麼孩子們會有更多機會，到世界各地工作或找對象。

機會多了，自由也多了，夢想也多了！人生就會更多姿多彩！

媽媽，加油啊！

言×行

Ch.2

Habits

問題不論大小，都必須誠心誠意的去支持孩子。
雖然有些問題解決不了，但要是有人一起承擔，
就可以減輕孩子的心理痛楚，關鍵在於決心。

Q 兒子常常「賴貓」，答應過的事情不遵守。例如說好了電腦只能玩半小時，但他過了時還一直玩，我不讓他玩，他就發我脾氣。又例如我准他獨自和同學出街玩，定了回家的時限，他又不遵守。我總是說「無下次」，但每到下次還是會心軟。

「心軟」的媽媽，很可愛。但可能你的「心軟」就是孩子「賴貓」的原因。

要是你說了「無下次」，就一定要實行「無下次」，否則你給孩子的訊息就是「我媽媽『心軟』，我可以賴貓。」

孩子看到你的弱點，不聽話，不算數，如何扭轉情況呢？

我提議你向孩子表明，從今開始要改善他的「賴貓」習慣。因為

「賴貓」就是不遵守諾言，那麼長大了就會得不到人的信賴。社會上，不受信賴的人找不到真正的朋友，事業也不會成功，甚至找不到理想的對象，所以事不宜遲，一定要把「賴貓」的習慣改過來。

告訴孩子：「這是為你的幸福和成功的必要的一步啊！」

你可以繼續說：「媽媽知道你『賴貓』的原因是因為媽媽太愛惜你，所以往往『心軟』，不追究你不守承諾的習慣。但其實媽媽的『心軟』是媽媽的弱點。而因為媽媽的弱點，無意中令到你有這賴貓的習慣。所以媽媽決心為了你的幸福，改變自己的弱點，以後不會再心軟。當我說『無下次』就是『無下次』。這不表示我不信任你，或我不愛惜你，而是表示我改過自己，來幫你改過你賴貓的習慣。

對媽媽來說，這是一個大挑戰，但兩個人一起做，相信可以達成。明白嗎？不可以因為達不到自己的目的就發脾氣啊！因為下次你發脾氣，我也不會心軟的。發脾氣不再是可以控制我的方法哦。我已經決定要改變，我會變成一個堅強的媽媽，讓你成為一個遵守諾言的孩子。」

這樣給孩子說，看看他的反應。

另外，有些時候你提出的要求可能是不合理的。所以你每次提出要求的時候也要反省一下，站在孩子的立場上，看看那要求是否能夠實行，公道不公道。

你可以與孩子商量承諾的內容。

「媽媽要你遵守的事你不能做到，是不是你覺得媽媽的要求不合理？

譬如你想打機一小時，但媽媽說只可以半小時。你是不是覺得不滿，所以『賴貓』？這種情況不理想。要是你對媽媽的要求有不滿，要向媽媽表示，我們商量之後找一個解決方法。譬如你想打機一小時，但我只想你打半小時，那麼我們可以各讓一步，讓你打機四十五分鐘。但當我們定下了諾言之後，兩人都一定要遵守。

又譬如你和小朋友上街，我說你一定要在四點之前回來。你覺得不夠時間的話，要和媽媽商量，那我們可以決定不是四點，而是四點半或五點都可以。但當我們決定了之後，就不可以反口。君子一言既出，駟馬難追。以後我們就以君子的態度來決定互相的行動吧！」

這樣說的話，孩子會覺得你比較有道理。

孩子已經習慣了可以用發脾氣來控制你的行動，可能當初不會配合這個新的協議。他會抗拒，可能會發更大的脾氣。

所以最大的關鍵就是你的決心。

媽媽看到孩子難受，可能會覺得很痛苦，又會「心軟」。可能會覺得自己太狠心了。

但這不是狠心，而是你希望孩子能成為一個遵守諾言的人的「愛心」。

用多點時間去解釋，讓孩子知道遵守諾言的重要性，盡量和孩子商量諾言的內容。只要孩子覺得心服口服，他會努力與你配合的。

加油啊！媽媽。

Q **孩子今年九歲，家裡有個年長兩歲的姐姐。他平靜的時候很乖，但是很容易發脾氣，無論在家還是外面也是如此。他不接受任何批評，遇到不開心的事情就哭，尤其是對媽媽。想請教，要怎樣扭轉孩子容易哭的性格？**

孩子不能接受批評，是因為對自己的信心不夠。「自我肯定能力」高的人不會太注重其他人對自己的評估，因為他知道自己是一個有價值的人。做得好，就算人家不讚賞自己，他也會知道自己做得不錯；做得不大好，他會知道要繼續改進，但並不表示自己的價值降低。

但當小孩子的「自我肯定能力」不夠，他就會倚賴和著意人家對他的評估，所以受到批評的時候會覺得很難受、自尊心受損；他會覺得憤怒，自暴自棄，推卸責任。

有些時候，這個感受會用發脾氣的方式表達出來。有些時候會覺得委屈，轉而哭泣。

因為他相信媽媽，所以在你面前，他會時常哭泣。

其實他也不明白為什麼會有這樣的反應。為了提高他的自我肯定能力，家長不要拿孩子和其他人比較，要全面接受和愛護，否則孩子可能會變成自卑或自大的人。

你可以對他說：

「你不需要理會別人的眼光和想法，做好自己就足夠了。更不用與其他人比較，比較是沒有意義的。在媽媽的眼裡，你是好孩子，不用難受，不用哭，不用憤怒。因為令自己不開心，是不值得的。不如把這些時間用來做一些自己喜歡的事情。

受到批評，有時候可以從中學習到一些東西，增強自己的實力。

勇於接受批評表示你是一個有自信心的孩子。

媽媽知道，想發脾氣、想哭的情緒不是立刻可以控制的，但你原本是一個平靜的小孩子，內心有平靜的角落。所以當你覺得難受的時候，可以回到內心平靜的角落，找回充滿信心的自己。

每一個人都能學習控制情緒，你是聰明有智慧的孩子，一定做得到。發脾氣不但傷害自己，也會傷害周圍的人，令大家不開心。哭泣不但令自己難過，而且也會令媽媽傷心。

所以我們盡量把快樂時光增加好嗎？你開心，大家都快樂。你有能力把正能量散發出來，一起加油！」

其實哭泣並不是一個大問題，這是孩子表示難受的一個方法。可能因為他是男孩，所以你覺得需要改變他喜歡哭泣的習慣。當他哭泣的時候，不要怪他，但可以告訴他，有其他方法控制自己的情緒。

我也是一個很容易哭的人，一覺得委屈，淚水就來了；一旦覺得難受，鼻子就酸了，可能是一種生理反應。但因為我是女孩，周圍的人都沒有告訴我不能哭。

但我爸爸告訴我：「哭了自己更難受，找其他方法去發洩難受的感情吧！」我理性地想過之後，真的發覺哭了之後很不舒服，所以漸漸改變了這個習慣。

當初跟孩子說的時候，他可能聽不懂，或聽不下去，但慢慢孩子會明白的。

提高孩子的自我肯定能力，令他相信自己的自制力。這麼，他會慢慢成長為一個內心更平靜的少年。

Q 我大兒子今年十歲，開始有自己的想法，會頂嘴。我需要怎樣進入他的世界？加上下面還有八歲的弟弟和五歲的妹妹，我要怎樣讓哥哥做榜樣給弟妹？不然他們會學哥哥頂嘴。

廣東話的「頂嘴」是指不同意別人的意見時，用一種不禮貌的說話方式對答。小朋友有自己的意見是一件好事，「頂嘴」的問題不是小朋友有反對意見，而是態度不佳。

不尊重長者，不尊重父母，用一種不禮貌的方法去表達自己的意見，是不能接受的。

所以你可以鼓勵哥哥與你的意見不同，但表示你不能接受他的態度，耐心指導他用一種有禮貌的方式去表達意見。

小孩子「頂嘴」的時候，父母可以把握機會去教導他們。你可以說：「哥哥，這個說話的方式不禮貌。你可否平靜地告訴我你的意見？」當初可能他做不到，但你要耐心一點，給時間去等他。

要是他在吃飯的時候「頂嘴」，你可以要求他改變表達方式，讓家人全部放下筷子，等他回答。

若在看電視的時候，可把電視關上，等他回答。

在外面走動時，大家停下來，等他回答。

讓他尋找一個有禮貌的方法來表達自己的意見，若他想不到的話，你可以教導他。

當初可能會比較困難，但重複使用這個方法，孩子會明白，「頂嘴」不好玩，會有很不愉快的結果。誘導他用另外一個方式來表達意見之後，你要鼓勵他，讚賞他：「你能平靜地表達出來，非常好！值得獎勵！」

若你覺得他的意見是對的話，你就說：「這次你說對了！媽媽贊成！」他的說法是不合理的話，你可以告訴他：「你的說法不合理。來，我們討論一下。」可能當時不是討論的場合，但可以等回家之後或另外找時間跟他討論。

不可以讓孩子對你不尊重。

對家長、對長輩的尊重是人格問題。做不到這一點的話，孩子長大之後其他人也不會尊重他，不會信任他。

所以要從小教導小朋友有禮貌，尊重長者。

這是教育上非常重要的一點，不可以忽略。

重複說，「頂嘴」是態度的問題，孩子意見與你不同是可以的。用我的提議，弟弟妹妹也可以看得到，不同意見是可以容許的，但不能不尊重父母。他們學到之後，就不會模仿哥哥做不禮貌的事。

當然我們要以身作則，不能無禮地對待長者或自己的父母，要時常敬老，這樣小孩子才能學習到正確的禮儀。

Q 本人有兩個小姪兒，今年五歲，非常活潑可愛、好動，平常也是一個講道理和聽話的乖孩子。但是每次他們使用電子產品時，例如觀看網上頻道或在平板電腦上玩遊戲等等，就好像變成了另外一個人，整個人被電腦深深吸引著，無法把眼睛移開，想叫他們休息一下或者暫停一下做其他事情，他們可能會大發脾氣，甚至打你，說一些難聽的話，譬如「我好恨你」等等。結果我們只好妥協，讓他們繼續看，或者使用零食哄他們，讓他們接受成人的建議。不過我本人覺得這個做法始終不太好，所以想請教一下怎樣做才正確。

小孩子沉迷打機，是現今社會一個大問題，很多父母都很苦惱。沉迷打機和看網上影片，對孩子的身心有很多負面影響，除了傷害眼睛和影響腦袋正常發育之外，打機還會令孩子失去控制力。打機時，腦袋會分泌興奮的荷爾蒙，讓孩子得到刺激性的滿足感，習慣了這種感覺之後，孩子會對其他事物失去興趣，時常渴望再次得到腦袋裡分泌出來的興奮荷爾蒙。

這和飲酒、使用毒品的情況有一點相似，因為飲酒和毒品也能令腦袋分泌快感荷爾蒙。用「沉迷」來形容機不離手的小朋友是太輕微了，因為孩子可能已經患上依賴症。

就如你指出，沉迷打機或電腦上的影片，會影響小孩子的情緒，甚至改變他們的性格。他們會變得有攻擊性，不能達到願望的話，會採取暴力行為，好像失去了理性一樣。

這狀況和服用了興奮劑或喝了酒的人相似，簡單來說就是「失控」，自己不能控制自己。

沉迷得太嚴重的小朋友一天到晚都會想著打機，不願與朋友交流，也不願和家人一起出外玩耍等等，這對他做人處世也有壞的影響。他的人生會被遊戲公司控制，這是很可怕也很可惜的事。

要幫沉迷於飲酒的人戒酒，是很不容易的。同樣，要幫沉迷於打機的小朋友「戒機」，也是非常困難。

看來你的小姪兒情況還不是太嚴重，看看怎樣可以幫他們吧！

剛才也說過，打機可以給小孩子高度的滿足感和興奮的感覺，令他們沉迷，所以若我們能找到令孩子感到興奮和快樂的其他活動，打機對他們的吸引力就會減低。

有些孩子喜歡彈鋼琴，當他把一首歌曲練習好，彈得很順利的時候，他會有滿足感，很興奮。

有些小朋友喜歡踢足球，和朋友踢球時，會覺得很高興，很興奮。

有些小朋友喜歡跳舞，跳舞的時候就會得到滿足感。

你可以想辦法尋找一些姪兒們喜歡的活動，譬如溜冰、跳水、跳繩、單車等等，尤其用到身體的活動，都能帶來高度的滿足感，他們對打機的執著就會降低。

我不讓孩子們打機的方法，就是每天都讓他們很忙碌，不是上補習班那種忙碌，而是每天都有有趣事的忙碌。

每天我都會想一些特別的活動和他們玩。

譬如晚上突然間，我會說：「我們去踢波！」公園已經沒有燈光，足球在哪裡也看不清楚，但是我們一邊大笑一邊跑來跑去，很興奮。踢完波之後回家，孩子們就會很疲倦，睡得特別甜。

有些時候我會說：「今晚天氣好，我們出去看星星！」爸爸會駕車帶我們到郊外去看星星，孩子們興奮得不得了。

更有些時候我會說：「我們到外面散步，吃冰淇淋！」就是這麼小的事，孩子們也會很興奮，就會忘記要去打機。

有些時候在家裡，可以和他們玩桌遊，如大富翁、圍棋、象棋、波子棋、scrabble、family feud……等等，這些遊戲對孩子的成長很有幫助。史丹福的大學生有七成都曾在年幼時在家裡玩過這些遊戲。

我更提議家長不要給小朋友用手機或平板電腦。要是原本沒有手機，沒有平板電腦，孩子就不會上癮。

拿走他們的手機時，當初可能會哭鬧，但過了一段時間之後，孩子腦袋內的荷爾蒙會回復正常，孩子也會平靜下來。

若你一定要給孩子這種機器的話，要小心翼翼，用各種方法防止孩子受到各種不良影響。現在越來越難控制小朋友上網的環境，除了遊戲之外，面書、Instagram、TikTok 都會令孩子沉迷，家長一定要小心。

現在大部份小朋友都知道如何上網，所以更加要注意他們在關注什麼網站，看什麼內容。小朋友是一張白紙，可以染黑，也可以染上漂亮的顏色，我們當家長的要耐心指導他們。

大一點的孩子，你可以解釋給他們知道打機的弊病，什麼叫做沉迷？什麼叫做倚賴症？腦袋裡面發生了什麼事？為什麼打機是危險的？慢慢說服孩子，孩子若是能夠明白和理解的話，可能會自願「戒機」。

我們希望達到的目標，是孩子可以控制自己，而不是受機械控制而阻礙他們的成長。

年輕父母面對的挑戰日日增加，但請不要氣餒，只要你們耐心向孩子解釋，他們應該會明白的。

加油啊媽媽！

Q 有時候生活中一些情況，孩子不配合，也沒有時間跟他們仔細說明，怎麼辦呢？就譬如要出門了，他剛好就是要玩一樣東西，怎麼說都沒有用，如何是好？

小孩子的節奏和大人的節奏有些不同。大人覺得重要的事情，孩子可能不覺得；孩子覺得重要的事情，大人可以覺得很無聊。我們當然希望每逢需要小孩子做一件事的時候，他就會立即很有效率地為我們做，但很多時候小孩子也有他們的優先排列。

雖然我們是父母，但也要尊重孩子的想法。不是太重要的時候，我們可以給孩子多些空間。

要出門了，他們慢吞吞，要是不太急的話，可以等一下。

但是有一些時候，我們是一定需要孩子配合的。譬如要坐巴士到外婆家，或上學不能遲到等等。在這些一定要互相配合的時候，事前要做好準備。

譬如前一晚，家長要和小孩子說清楚明天要做的事。為什麼不能遲到？對孩子說：「你覺得如何能夠順利到達外婆家呢？我們為了不出意外，在最好的時間出發，應如何準備呢？坐不到巴士，去不到外婆家，外婆會很失望。」

上學也是一樣，「我們一定要把所有東西都收拾好，否則可能會遲到。」這是讓孩子們有一個心理準備，知道這件事對媽媽來說是非常重要的，自己要好好配合。

帶小孩子有很多時候，是不能像一個人做事那般高效率的。

我們也要習慣有孩子的生活節奏。譬如我帶大兒子和二兒子到公園玩耍，我背著二兒子，大兒子在公園玩得很開心。但我們需要回家做飯的時候，大兒子實在太疲倦了。

他說：「媽媽我走不動了。」我知道如果不趕快回家做飯，爸爸回到家就沒有飯吃了。但孩子實在很累，而我亦沒有能力抱他。

所以我說：「好的！我們就坐在這裡休息吧！」我到商店買了一瓶紅茶和一個麵包，坐在路邊和孩子們吃麵包，飲紅茶。

我和大兒子說：「你能走路的話，告訴媽媽。我要回家做飯了。」

他休息了一會，說：「OK 媽媽，我可以走了。但可能要慢慢走。」

我說：「可以啊！真乖。媽媽不能抱你。你吃苦了。」

我拉著他的手慢慢走。我的心很急，但我知道孩子已經盡了力。

回到家，爸爸已經在等我們。

我告訴他大兒子很乖，雖然很累，但走回來了。爸爸讚賞大兒子，孩子覺得很驕傲。吃晚飯的時間是遲了很多，但並沒有大問題。有些時候，大人要配合孩子。

但有些時候，我需要他們配合我。

譬如我們需要坐火車到某一個地方，時間是決定了的。

所以我會在前一晚告訴他們什麼時候要起床，大約什麼時候一定要出發，告訴他們有什麼事情要做就先要做好。這樣孩子會覺得不是媽媽在叫他做事，而是互相配合。我長年訓練了孩子，讓他們能在很短的時間做好準備，隨時出發。提高效率是需要訓練的。

我時常對孩子們說：「家人是一個團隊。團員要互相合作，否則團隊不能達到目的。」

媽媽加油啊！

Q 兒子有時會對外面的小朋友有些小動作。他曾經在公園玩沙，把沙潑向其他小朋友；或者抱其他小朋友，故意把他摔倒。我真的很困擾，不曉得怎麼辦。請老師給我一些教育的方法。

小朋友的行為的確令人擔心。我很明白你困擾的心情，因為暴力是絕對不能容忍的。

孩子與人交流的經驗不多，那些行為可能是他嘗試用暴力去建立自己的優越地位，從中感到自己有控制力。若果孩子覺得用暴力去欺負其他小朋友很好玩的話，那對他的心理成長會有負面的影響。要盡早改變他的行為，讓他知道不可以欺負他人。

現在孩子的行為只是小動作，並不是全面暴力地打人。幸好你發覺了他的行為，所以從現在開始教導，可以防止他變成一個暴力的人。

孩子在成長過程中，一直在摸索和學習什麼是可以做的事，什麼是不應該做的事。

當孩子推跌小朋友，或向小朋友潑沙時，他會觀察周圍的反應。大人會罵自己嗎？小朋友又會還手打他嗎？推跌了小朋友之後自己的感覺又如何呢？好玩？難受？

周圍的反應，會決定他是否會重複做這個動作。

我提議當你見到孩子有小動作的時候，要立刻向他指出這是錯的，絕對不能做的。

而且態度要很明確，很堅持。

望著他的眼睛，對他說：

「這是不可以做的事！傷害別人是絕對不能做的事！明白嗎？」

「我們現在去向小朋友道歉。向小朋友表明以後不會再做這件事。」

道歉完之後對孩子說：「現在是不是覺得好過多啦？做錯事要反省，反省之後要請對方原諒自己。這樣我們就會覺得舒服很多了。感受到嗎？」

為什麼要立刻說？為什麼要孩子向人家道歉？為什麼要告訴孩子道歉很舒服？

這是因為要讓小孩子知道，傷害人，自己會覺得難受。首先會受媽媽責怪，又要向對方道歉，並不好玩。孩子會學習到，傷害人是有後果的，對自己沒有好處。

但媽媽告訴他，道歉完之後會覺得很舒服。他聽了媽媽的話，就會覺得好像真的比較舒服。

所以他會學到兩樣東西：一樣就是用暴力傷害別人對自己沒有好

處；另外一樣就是反省道歉之後會覺得舒服。

小孩子會重複使用暴力的其中一個原因，就是當他打了其他小朋友，他可能會覺得很好玩！

在他的腦袋裡，他會覺得「打人原來是一件好玩的事」。尤其是當幾個小朋友一起去欺負人的時候，大家一起，「嘩，真好玩！」又笑又開心的話，孩子的腦袋裡就會有「打人會令自己快樂」的記憶。

這種情況重複下去，孩子就會覺得使用暴力可以令自己快樂。有了這個記憶，他就會重複用暴力去對待人。

所以我們要在孩子的腦袋裡建造一個抗拒暴力的記憶，重複和孩子說：「暴力會傷人傷己，暴力是沒有好處的。」

我在教導自己孩子的時候，除了告訴他們自己不可以用暴力之外，還告訴他們：「你見到人家用暴力的時候，要去告訴他不可以打人啊、打人是錯的哦。」

這個方法，可以令孩子覺得他有責任教導其他小孩子，「不能打人」這個意識會更加深入他的腦袋裡。

要教導孩子不用暴力，大人也不可以用暴力去解決問題。

要是爸爸媽媽也打孩子的話，孩子會覺得大人可以做，為什麼我不能做？他會覺得不服氣，也不會相信你說的話。所以要是你不想孩子用暴力去對付其他人的話，你也不可以用暴力去對待孩子。

以身作則是非常重要的教導方法。

除了向大人學習，孩子還會模仿其他小朋友的行為。若果孩子與喜歡用暴力的人做朋友的話，他們也會受到感染，所以交朋友也要小心。

從小教導孩子對人友善，保護弱小，是非常重要的。

媽媽加油啊！

Q 我的女兒一有不如意的事，就會尖叫和狂哭。不但在家裡如此，無論在什麼地方都是這樣，除了學校。這樣怎麼辦？

有很多小孩子都會用尖叫和哭泣來希望得償所願。

因為在他們的經驗中，只要他們尖叫和哭泣，爸媽都會受不了，而順他們的意思。他們學習了這個方法很有用之後，就會重複用這行為來得到要求：只要尖叫，媽媽就會聽我的。

孩子用這個行動控制旁邊的大人，你的女兒也學會了這個習慣。

但在學校裡，她不會這樣做。

這表示她知道尖叫不是一種好行為，而老師和同學都不會接受這種行為的。就算在學校尖叫，也不能得償所願。這表示她是有自我控制能力的孩子。

但她在你面前會放肆，知道你會屈服在她的尖叫下。這情況不理想。長久下去，孩子會變得自私，自大，暴躁，攻心計，覺得每件事都是應得的。所以趁孩子還小的時候，一定要幫她改變過來。

現在孩子有主權，你是被動者。若你想扭轉這個情況，就需要拿回主權。

讓我給你一點方法試試看。

孩子尖叫和發脾氣，是希望得到你的關注。不管是好的關注或是壞的關注，對他們來說都是關注。為了渴望得到你的關注，他們會不斷做各種行為。你的女兒就是用尖叫或狂哭來得到你的注意。所以第一步是要讓她知道，這個方法以後不管用了。媽媽不會再受你控制了。

找一天當她安靜的時候，和她坐下來，拿著她的手，跟她說：「你有些時會尖叫和狂哭，你記得嗎？但今年你已經X歲了，所以由今天開始，要改變這個習慣。無論你如何尖叫狂哭，從今開始媽媽都不會再接受。你要學會平靜地告訴媽媽你的要求啊。如果要求是合理的話，媽媽一定會同意；不合理的話，我們可以好好商量。」

這番說話不是說一次就夠的，需要重複給她說。

讓孩子知道從現在開始，媽媽不會理會你的尖叫和狂哭。

每次她開始尖叫時，你就拿著她的雙手，跟她說：「靜靜地告訴媽媽。我們不是說過了嗎？你已經是大孩子，要平靜地告訴媽媽。」

兩三歲的小孩子都能夠明白這個道理的。請你試試看。

除此之外，當孩子平靜地一個人在玩耍的時候，你可以突然抱著她說：「媽媽很喜歡這個平靜的你。真乖！媽媽知道你是一個好孩子。你有什麼需要嗎？告訴媽媽。」

上街之前和孩子討論你想做的事情，也問她有什麼要求。商量好了，勾勾手指：「那我們要遵守諾言安安靜靜地上街啊！」

這樣可以先給孩子發言的機會，也可以讓她練習正常地提出要求。因為孩子習慣了尖叫，已忘記如何去平息自己的脾氣或者想尖叫的感受。

所以你要教導她如何去平息自己。譬如：「要是你想尖叫的時候，跑來媽媽的身邊，抱著媽媽深呼吸，那麼想尖叫的心情就會平靜下來啊。」

譬如在街上，她想買玩具，但你說不容許。她想尖叫！你可以告訴她：「不需要買玩具，我們玩一個遊戲好嗎？譬如，只用單腳跳著行，看誰行得最快。或者我們在樓梯下面猜『包剪揼』，贏的上一級，看誰最快去到最高的地方。」

每次她想尖叫的時候，你都找一些非常有趣的活動和她一起做。

那麼她會發覺原來平靜的時候，媽媽會更加關注自己，不用尖叫也可以和媽媽有快樂的時光。

那慢慢她就會發覺，尖叫並不是一個好方法去吸引你注意力。

我相信大約用幾個月的時間，孩子就會改變過來。

媽媽要耐心一點，但一定要幫助孩子改變這個壞習慣，而且聽著孩子尖叫是非常難受的。

所以為了自己，為了孩子，加油啊媽媽。

Q 男孩在家不愛分享，很霸道。怎麼辦呢？但他在學校不怎麼活潑，有點內向，扭扭捏捏的。

要教孩子願意分享，就是教孩子要有同理心，願意公平對待人。不小氣，不吝嗇，做一個慷慨大方的人。

看來孩子有點缺乏自信心，所以在家的時候霸道，在外面卻害羞。霸道和害羞看似相反，其實都是自我肯定能力不足的表現。

因為他害怕人家小看自己，所以在家的時候，他霸道，「你不要小看我！」在外面，他害羞是怕被人比較，怕自己不及別人，怕被人看小。他的注意力放在了「如何保護自己的立場」上面，所以沒有建立慷慨之心的空間。孩子每日的日子不是很好過，因為一方面害怕被看小，一方面又要繼續奮鬥，表示自己堅強。這樣他身心都會覺得疲倦，所以有時會暴躁。

這不單是小朋友，有很多男性都是這樣的。在家裡就是大男人主義，到外面就是比較怕事。可能當事人也不明白自己的態度，又沒有辦法去解決，更不想別人批評自己。

難得媽媽發現這個情況，讓我們想一想如何幫助孩子改變這種思維，變得快樂開朗一點。

基本上，你需要提高孩子的自我肯定能力，讓他更有自信心。首先要孩子全面接受自己，知道自己不需要害怕人家看不起自己，不需要一直在抗戰狀態。

我提議一些做法，希望你試一試。

找一個下午，對孩子說：「我們去散散步吧。」

和孩子一起去散步，靜下來時向他說：「媽媽很安慰，有你這個孩子。」

「媽媽太喜歡你了。」「太驕傲了。」

從口袋裡拿出一些好吃的東西。

「媽媽剛才買了一些想吃的。分一半給你好嗎？」

一方面鼓勵他接受自己，一方面在溫馨的氣氛之下，讓他嘗試分享的樂趣。

多找點時間和孩子單獨在一起，多說正面的話，關注他的長處，和他分享你的時間、想法等等。

另一個方法，是為他找一個好朋友。若孩子找到一個接受自己的朋友，會令他的自信大增，性格會變得開朗點。若他找到一個他喜歡的朋友，他會關注對方，增長他的同理心。但若孩子比較內向，不能自力找到朋友，那麼媽媽可以幫助他的。

孩子還小的時候，我每天送他們上學時，都會留意他們的同學，也盡量找機會認識他們的同班生。

我時常歡迎孩子帶朋友回家，我會做點心等他們，從中觀察孩子和哪一位同學特別合得來。我會積極邀請那位小朋友回家玩，或和我們一起去野餐等等，讓孩子們能建立互相照應的友情。

孩子有好朋友，上學會更加積極，自信也會增加。

還有，在家裡不要分得太清楚什麼是你的，什麼是我的。堅持所有東西都是大家的。吃的也好，用的也好，都要一起享用。送禮物的時候也是這樣，譬如：「這是媽媽買給你的玩具，但有條件的啊！就是你要和弟弟分享，否則不能給你。」

弟弟生日的時候也是一樣：「要和哥哥分享啊！」

爸爸生日的時候買了一條領帶給爸爸，也要告訴爸爸：「孩子大了，你要和他們一起用啊！」

如此這般，所有東西都是大家共用，不分你我。需要用的時候，要等待輪到自己才可以用。這個方法可以教導孩子要公平，有些時候要忍耐，要大方。

盡量找機會告訴孩子，不需要和其他人比較，在媽媽眼中你是一個非常好的孩子。媽媽欣賞你。

這樣，慢慢你就會發覺孩子的性格會改變。希望你成功！

加油啊媽媽！

Q 美齡老師，我兒子一歲半了，老是喜歡搶別人的玩具。家長制止他，他還摔東西，大哭。怎麼辦？

一歲半的孩子正在學習如何與人交流，其中有些小孩子會搶別人的玩具。

你說你的孩子喜歡搶其他小朋友的玩具，如果這已經成為習慣，你需要教導他用其他方法與小朋友交流。當小朋友非常希望得到一樣東西的時候，他們的感受是非常強烈的。但因為他們還年幼，不知道如何去控制這個慾望，他就去搶過來。

當你看到他這個行為的時候，你應該趕快去到孩子身旁，把手放在他的小肚子上，這可以控制他的行動，也可以讓他感到你手的溫暖。

然後跟他說：「這個玩具是小朋友的。我知道你很想玩這個玩具，我們問問小朋友可不可以借給你？」

然後你問小朋友：「可不可以借給他呢？」

要是小朋友說「不能」，你就告訴孩子說：「你看，他現在不能借給你，下次有機會我們再問問吧。」

說後你可以抱起孩子，離開那個地方。要是他不肯放手那個玩具的話，不要搶，慢慢地從他的手裡把玩具拿開，還給小朋友。

他大哭時，你可以跟他說：「媽媽明白你很希望玩那個玩具。媽媽知道你難受哦。媽媽明白你的心情呀。」

這樣跟他說，讓他明白有人理解他，他哭一會就會平靜下來。

每次當他有這個行為的時候，你都要耐心地開解他。

這個方法是在幫你的小孩子表達他的感受。讓他知道有人明白他，讓他明白有些時候，自己的慾望不一定能夠達到。

要是你單是把玩具搶回來，還給小朋友，然後罵孩子的話，他會覺得很委屈。「為什麼我想做的事你不給我做？」他可能會不明白。因為一歲半的幼兒不能用說話來表達自己，你的說話可以幫他表達他的心情，這樣他會更容易接受這個現實。

媽媽不用太擔心，搶玩具的行為很多小朋友都會。慢慢到兩歲多左右，他能明白自己和他人的分別之後，這種行為就會減少。但現在不改過來的話，他就會繼續做下去。加油啊媽媽！

Q 孩子越長大越害羞，怎麼辦？兩個孩子都是在鄉鎮放養的，小時候自由自在，過自然的生活，之後就漸漸變得害羞起來。尤其是

到了青春期，大的那個更不太參與家庭聚餐，非常害羞，別人和她說話也不回答。家裡就和她說，「大方一點，帶朋友到家裡玩，你要招呼客人喔。」也沒有什麼效果，如何是好？

我們做家長的，都希望孩子們開開朗朗，有很多朋友，社交沒有問題。但其實不是每一個孩子都是外向的。孩子害羞不一定是壞事，很多時候孩子不喜歡與人交流，可能是因為有點內向，這種性格並不會對孩子的人生有太大影響。

但若果孩子的害羞是因為他對自己沒有信心，或不知道如何與人交流的話，這就有點問題。

你說孩子小時候是在鄉鎮放養，可能她們對城市人有點抗拒，這是能夠明白的。但孩子與大家一起吃飯的時候不談話，這就有點問題。因為在社會上，我們時常要與人交流，不與人交流的人，會被人覺得沒有禮貌或不友善。在學校也好，在工作上也是一樣。譬如上課的時候，若孩子不能發表自己的意見，老師可能會認為他學習能力不夠，或是對課堂沒有興趣，或是不專心。

害羞並不是一個大問題，但不能發表自己的意見，會影響別人對他的印象。

在別人面前發表意見是需要訓練的。所以你需要找多點機會，讓孩子能充滿自信心地發表自己的意見。孩子習慣了不與人交流，時常獨處的話，慢慢會覺得與人交流是非常麻煩的事。人家說什麼，可能也根本聽不進去。

但其實留意旁邊的人的對話，可以了解其他人的感受、想法，更可以明白社會動向，是學習的重要行為。

完全把自己困在自己的世界裡的話，孩子的學習機會就會大大減少，非常可惜。所以我們要幫助他打開心窗，鍛煉他的聆聽力。在人家說話的時候聆聽，想想自己有什麼意見，贊成與否，有沒有疑問。若果有機會發表的話，積極說出自己的想法。

你可以告訴孩子：「不喜歡與人交流是可以的，但當你要表達自己立場的時候，一定要勇敢和自然地說出來。看到你喜歡的、認識的人的時候，要積極與人談話，否則會失去很多好機會。」

當家長的，需要幫助內向的孩子作好準備，做一個隨時都能表達意見的人。

那麼如何去幫助孩子呢？

首先我們要理解孩子為什麼不與人交流。不和人談話、不表達意見，背後有幾種可能性。有意見但不想表達。沒意見所以不表達。有意見想表達，但不知道用什麼方法表達。有意見想表達，但太害羞不敢表達。你的孩子是哪一類呢？

要是她是第一種：有意見但不想表達的話，你可以告訴她，有些時候是需要表達自己的，因為這一方面可以分享自己的想法，另一方面你的想法可能可以幫助到他人。

不表達意見，會給人家留下負面的印象，例如不關心、無知識、不投入、不友善等等。所以應該在恰當的時間參與討論、交流。

若孩子是第二種：沒意見所以不表達，這是一個比較頭痛的問題。沒意見的理由可能是因為不夠知識，或不感興趣，或可能根本沒有聽到人家在說話。

要是他不夠知識的話，家長要時常向他灌輸知識，讓孩子成為一個更有修養和博學的人。鼓勵他多看書，一起看有益的電影或網上作品，一起去美術館、博物館等等，灌輸給他多方面的知識。

要是他對人對事都不感興趣的話，你要告訴他要對周圍的事物多點關注。因為每一個人、每一種事物都是我們的老師，從中我們可以學習到人生道理或各種知識。

家長要提高孩子對其他事物的興趣。要是他根本沒有聆聽別人的話，那麼你就要鍛煉他的聆聽力，人家在說話的時候，不要進入自己的世界，將注意力轉向別人說話的內容。這是一種禮貌，也是做人處世的基本之一。當大家在一起的時候，不應該進入自己的世界而忽視他人。多聽人說話，生活的樂趣也會提高。

要是孩子是第三種原因：有意見想表達的但找不到方法的話，那麼我們要幫他練習，給他多一點機會發表自己。當一群人在談話的時候，要插口表達自己的意見，並不容易。需要知道對話的節奏，有機會的時候，說出自己的意見，這並不是每一個人都能做到的。

所以日常家人談話的時候，多鼓勵他表達意見。哪怕他說得不清楚，或猶豫不決、有尷尬的空間也好，給他多一點時間，讓他表達自己。表達之後，要用自然的態度去讚賞他，慢慢讓他習慣參與和大家一起談話。

若孩子是第四種：有意見想表達，但很害羞，這也是需要訓練的。很多時候覺得害羞、不敢表達意見，是因為怕受到人家批評或注目，這是很自然的，比較內向的人都會有這種感受。所以你要告訴孩子，不需太著重人家的眼光。他在家人一起的時候表達了意見之後，要獎勵他，不要說：「你這個意見不好！」否則他以後就不敢再表達意見了。所以無論是什麼意見都好，首先要說「多謝你的意見」，正面接受了之後再繼續交談。

要孩子變成一個外向的人，很多時候是做不到的。但是可以訓練孩子成為一個有信心和在適當的時候能與人交流的人，是絕對可以的。

那是在社會上生存的一種技能。

很多成功的偉大的人，也是內向的。但他們都能找到表達自己的方式，所以大有成就。有些孩子是天生外向，喜歡和人交流；但有些孩子是比較內向。不要焦慮，可以慢慢訓練他，在這個世界上找到自己喜歡的空間和朋友。

小時候，我也是一個非常害羞的小女孩，不敢和其他人說話，時常躲在媽媽後面。只要有人望我一眼，我就會心跳，難受。

但在中學的時候，我開始做義工。一切都改變了。

我在做義工時接觸到很多小朋友。在小朋友的面前，我發覺我可以忘記自己的害羞，和他們自然地交流。

小朋友很喜歡我，我對自己的信心增強了很多。

慢慢，我和其他人也開始可以交流了。

Q 孩子不肯乖乖坐下來吃正餐。喜愛的東西會自己吃，飯就不肯自己吃，差不多要兩個小時才吃完。中間沒讓他看電視，但只吃一口他就去玩。有什麼方法可以改善呢？另外，還經常含著食物，很久都不吞下去，差不多一個半小時才吃完。

我收到不少有關吃飯的問題。

家長或祖父母都希望小孩子能夠吃多一點、吃好一點，幫助他們健康成長。

但有些孩子就是對吃飯這件事沒有興趣，需要花很多時間。

不喜歡吃飯有幾個原因。

第一個最明顯的理由是孩子不餓。

會不會在吃飯之前他曾經喝了甜的飲料，或吃了零食、水果等等呢？那麼他的胃口不好，是因為他覺得不餓。所以吃飯就變成了一個負擔，不能欣賞餸菜的好味道。

所以應該盡量減少在正餐之間給小孩子吃其他東西，讓他們體驗肚子餓的感受，那麼吃飯的時候就會積極很多。

另外一個原因就是他們沒有消耗體力。孩子運動不足，不能正常地消耗體力，消化能力也會降低，不覺得肚子餓。不餓的話，胃口差，吃飯的時候就慢吞吞，根本不想把口裡的食物吞進肚子裡。

還有一個原因就是他們平時吃的零食，味道都比較濃，久而久之，味覺養成習慣，只喜歡刺激性的味道，很甜或是很鹹，或是很脆的東西。吃飯時就覺得味道不好，不夠刺激，所以不感興趣。

另外一個可能性就是小孩子吃飯時，是被動的形式。大人給他夾餸，甚至餵他吃飯。所以吃飯的過程並不是一種享受，孩子覺得是大人迫他吃他不喜歡吃的東西，又不能逃避，所以拖拖拉拉。

以上幾點，大家覺得會有這個情況嗎？

我提議不要給小朋友在正餐之間吃其他東西，讓他感受肚子餓的感覺。而且最好不要給他吃太多味道濃的零食或飲料，特別太甜的汽水或果汁。因為小小的腸胃，根本放不下太多東西。

另外要增加他的運動量，帶他到外邊跑，「放電」。不能出外的時候，在家裡玩耍，跳舞、跳繩也可以。孩子需要有適量的運動，內臟才可以有健康的成長，包括消化系統、肌肉等等。所以要多點讓他活動身體去消耗能量，那麼他的胃口一定會變好的。

我有一個朋友，孩子不肯吃飯，只吃零食。我教了她一個方法，用了之後，孩子就沒有再拖拖拉拉地吃飯了。

她的小孩子已經是小學生。我告訴朋友，不要給孩子吃零食。孩子不叫肚子餓，不開飯。告訴孩子：「你餓了來告訴媽媽，我們立刻吃飯；你不餓，我們不開飯。」

讓孩子來做主動。

孩子主動來說「媽媽我肚子餓了」，朋友就開飯。吃飯的時候，我告訴朋友在他的碗裡就只放一粒米飯。一粒不是一碗，是一粒。

當初孩子會很驚奇！

為什麼他的碗裡只有一粒米飯！

「夠嗎？要不要添飯？」

孩子說要的話，再放一粒米飯。

如此這般，吃一頓飯需要很長時間。

孩子很不高興。

朋友告訴孩子：「粒粒皆辛苦啊！我們不吃飯就活不下去，所以要好珍惜每一粒米飯。每一碗飯都需要很長時間，才能來到我們桌子上的。」孩子開始明白媽媽的心意。朋友告訴他：「那麼下次你吃飯的時候，要乖乖地吃得快一點，感恩啊！」孩子點頭，以後再沒有拖拖拉拉地吃飯了。

當然，這個方法可能有點極端。但能夠讓不吃飯的小孩子改變，我覺得是一個成功的方法。

我時常告訴我的孩子，一碗飯能夠在你面前，其實已經經過很多人的努力。首先農夫要插秧，好好照顧稻田，需要大半年才可以收成。收成之後要打穀，打穀之後還要把米送到城市，送到城市之後還要放進店裡賣。爸爸媽媽要工作賺到金錢去買米，買回家後要洗米煮飯。所以一碗飯其實是經過很多人的心血才能得到的，真的要好好珍惜。所以當我們去旅行的時候，從車廂中看到稻田，都會大叫：「謝謝你呀農夫先生！」

還有一個方法可以令孩子對吃飯有興趣，就是和他們一起做飯。從小，大約三歲左右，我就會讓我的孩子入廚房，讓他們幫我洗菜、洗米，一起做飯。長大一點之後，還會教他們做菜。孩子吃自己做的飯菜，會吃得特別高興，好像是自己的成果一樣。所以要是孩子不喜歡吃飯的話，與他一起做飯，是一個好方法。

上面列出的方法，大家可以參考，一定能幫助你的孩子改善胃口的。

多吃有營養的東西，幫助孩子健康地成長吧！加油啊媽媽！

Q 兒子升中學了，長得比其他同齡小朋友矮，人人都說打籃球會增高，但他喜歡打機，不喜歡運動。雖然他現在不在意自己的身高，但我怕他長大後會自卑。如何能令他喜歡上打籃球，又或者有沒有其他可以增高的方法？

很多家長都希望孩子能夠長得高一點。因為在統計上，長得高的男生收入會好一些，也比較容易找對象。但這只是統計，不需要太著意。長得高長得矮，不會決定孩子的人生的。

身高很多時候是基於遺傳的，但若果你希望孩子長高一點，有很多方法可以試試。現在孩子是中學生，還有很多機會可以長高。

首先最重要的是睡眠。

因為成長荷爾蒙是在睡覺的時候分泌出來的，所以睡得好的小朋友，大部份成長都會很好。

盡量令小孩子有足夠的睡眠，每天睡八至十個小時，讓他們在睡眠中分泌充足的成長荷爾蒙。

為了睡得好，孩子需要有好的睡眠習慣。中學生大部份七點就要起床，所以晚上十點之前要睡覺。睡覺之前讓他洗一個澡，喝點暖牛奶，安靜就寢。

日本有一句說話「寝る子は育つ」，意思是「睡覺的孩子長得好」，這句說話現在得到了科學證明，所以想孩子長得高，不能缺少良好的睡眠習慣。

另外一個非常重要的因素就是營養。孩子需要吃充足的營養食品，才可以長得高。不單是鈣質，其他蛋白質、鐵質、維他命等等都非常重要。盡量每天給他有充足的營養，不要吃零食和甜的飲品，讓他們有胃口吃豐富的三餐。若孩子胃口不好的話，給他吃多幾餐，分開來吃，但要有足夠的份量。選擇有營養的東西，如雞蛋、牛奶、新鮮的水果蔬菜、芝士、瘦肉，都能夠幫助他成長。魚油、維他命、鈣片等等也可以攝取。

運動也是非常重要的事。

你說希望孩子打籃球，但他沒有興趣。

其實關鍵並不是他不喜歡打籃球，而是他喜歡打機。打機的其中一個弊病，就是令小孩子失去了運動的時間，坐的時間太長，對成長有壞影響。所以要鼓勵孩子多做運動。

能幫助孩子長高的運動，不單是打籃球。有兩類運動可以幫助孩子長高，第一種是 impact exercise，衝擊運動。

也就是說兩腳離地、跳動式的運動。當身體得到震動的時候，會激發骨頭的成長。籃球是其中一種，其他例如跳繩、排球也是衝擊運動。孩子不喜歡打籃球的話，他可以自己跳繩或找一隊跳花式繩的團隊，參加練習。

另外一種有助長高的運動是 stretching exercise，伸展運動。即是把肌肉筋骨保持柔軟，有助骨骼之間肌肉和筋的成長。例如瑜伽、游泳、Pilates（皮拉提斯）、懸垂運動，都是很好的選擇。

這些運動都不需要做很長時間，但對孩子增高應該有一定的幫助。

還有，要讓孩子有多些機會到外面玩耍，吸收太陽光。因為維他命D對骨骼的成長是非常重要的，有助身體吸收鈣質。但維他命D需要陽光才能夠發揮功能，所以要讓孩子到外面玩耍。

也要讓孩子有好的姿勢。

因為不良的姿勢會令肌肉和骨骼受到壓力，而不能夠正常地成長。所以要孩子維持好姿勢，否則不但會影響他的身高，更會影響脊骨的正常成長。

最後是不要令孩子肥胖，因為肥胖會給脊骨壓力，對長高有不良影響。所以要為他保持一個健康的體重。

十二歲左右的孩子踏入青春期，成長開始有分叉。有些孩子會長得高一點，有些會長得矮一點；有些孩子會長得快一點，有些會長得慢一點。所以不要太緊張，也要告訴孩子不需要自卑。世界上有很多非常成功的人，都是不高大的。而且身高比較矮的人，因為給心臟帶來的負擔較低，所以會比較長壽。矮小並不完全是負面的，其實有很多好處。

請媽媽做好上面提及的事，盡量幫助孩子長高吧！但就算孩子沒長得太高，也不要擔心或失望。因為只要孩子有自信，其他人不會看不起他。若孩子沒有自信，無論他長得多高，其他人對他的印象也不會太好。

所以重要的是你不要介意他的高矮，而是專心培養孩子成為有高品格、高自我肯定能力、高度同理心的人吧！

加油啊媽媽！

Q 孩子的家庭環境和生活都不錯，卻經常在 Facebook 等社交平

台發放負面的留言，還有割手自殘的傾向。這是什麼心理？又應該如何輔導？

孩子的兩個行為都有暴力傾向，一個是對外，一個是對內。在Facebook散發負能量的留言是一種攻擊性的行為，而割手則是傷害性的行為，兩種都有「加害」的目的。相信孩子是十歲以上，二十歲以下吧！媽媽，你的擔心是對的。在Facebook散發負面留言可能比較普遍，但割手是比較嚴重的問題。多謝你留意到孩子的行為，向我提問，因為有些父母可能不知道孩子有自我傷害的舉動。你的提問，可以幫助到其他孩子。

割手或割身體任何部份的行為，大多數都是因為他們有一些解決不了的情緒，例如憤怒、空虛、不能夠控制周圍的情況；覺得沒有希望，覺得自己沒有價值，感到傷心、羞恥等等。這種情況在年輕人之間特別顯著，當他們不能面對或解決這些問題，覺得實在太難過，不能忍受，又找不到方式去安慰自己的時候，唯有割手或用各種方法傷害自己，希望身體受傷時感到的痛楚，可以麻痺心靈上的痛苦。

人體受傷時會分泌出內啡肽（endorphin，又稱為安多酚），是大腦分泌的一種鎮痛荷爾蒙。有些學者認為這是割手的原因之一，透過傷害身體，刺激大腦分泌內啡肽，達至減壓的作用。孩子割手後雖然會感到一時的解放，但因為自傷並不能解決本質上的問題，所以很多時會重複傷害自己。

憂鬱症患者也會有割手的行為，但割手的人並不一定有憂鬱症；割手的人之中有些是試圖自殺，但割手並不一定是想自殺的表現。割手是他們尋找發洩和解決問題的方式，並不是絕望，但如不能找到舒緩情緒的正確方法，或沒有得到愛護和輔助的話，久而久之，會進一步影響心理平衡，甚至自殺。

所以如果發覺孩子有割手傾向，是嚴重的求救訊號。

那麼我們如何去幫助孩子呢？

首先我們需要明白孩子為什麼苦惱。是社會情況？失戀？在學校受欺凌？學業的壓力？家庭問題？外表問題？或有其他更嚴重的原因？

這些問題，當父母的也可能不理解。所以要和孩子好好溝通，讓他知道你是多麼關心他，絕對站在他的立場上，並不會批評他，完全接受他，而且已經作好準備幫助他。要讓他明白，沒有任何難題是不能解決的，你已決心和他一起面對任何苦楚。在父母面前，孩子不需要覺得羞恥，因為父母不但會原諒他，更會和他一起承擔任何結果，減輕他的痛苦。要讓孩子知道他不是孤獨的，用你無條件的愛，重新建立他的信心。

要孩子明白你的立場並不容易，每一個家庭的做法也有不同。

若孩子不想交談的話，可以用 WhatsApp，或寫信；甚至每天做一些好吃的東西，旁邊加上字條留言也可以；或一起去行山、散步，在安靜沒有其他人的地方交談。

找一個適合你和孩子的方法，讓他告訴你，到底是什麼事情令他那麼困擾。

孩子願意向你表白心情，是第一步；找到割手的原因，是第二步。知道原因之後，不要輕視那原因的重要性。可能大人會覺得是「小事」，但對孩子來說，會覺得是大問題。所以問題不論大小，我們都必須誠心誠意的去支持孩子。雖然有些問題是解決不了的，但要是有人一起承擔，就可以減輕孩子的心理痛楚。

和孩子一同尋找解決方法，是第三步。

若你覺得不能承擔這個重任的話，可以和心理專家商量，找專門的輔助。

謹記，割手是不可看輕的問題。

至於在 Facebook 散發負面的留言，是最近網上的一個大問題。因為可以隱藏身份，留言的人可以隨便攻擊別人，或不負責任地傳播假消息。一部份可能真的是為了表達自己的想法，但很多時候都是為了發洩苦悶或不滿的情緒，留言變成一種傷害人的武器。

最近，很多先進國家都開始立法，懲罰在網上沒有事實根據就攻擊他人的留言者。而且若果留言帶有加害訊息，還可能會犯上恐嚇罪。

所以小朋友在網上留言要加倍小心，自己能夠承擔結果才可以寫出來。你要解釋給他知道，這種留言會影響他的未來，要小心行事，不可以因為憤怒、苦悶或不滿，就衝動地用留言攻擊他人。

網上有一個潮流，就是大家在一起，做壞事也不怕。但這是愚蠢的想法。你要好好告訴孩子，不可以再傷害別人，無論在言語上或行動上，這都是暴力行為。

但你孩子比較重要的問題，始終是他的割手傾向。所以先解決了這個問題再想其他吧！

媽媽，加油，孩子一定會感受到你的愛而改變行為的。

諒×解

Ch.3 Understanding

一家人，不需要有秘密，坦誠相處是最好的辦法。關注孩子的感受，讓孩子明白父母的意見和動機。只要家庭裡有愛，什麼問題都可以解決。

Q 如果伴侶有不好的習慣，會影響小孩，怎麼辦？我丈夫是一個專制的人，很多事情不許小朋友做，限制極多，但他自己回到家就打機，放假也不陪小朋友出去玩。最難辦的是，他總是習慣講粗口罵我，在他心目中，講粗口是廣東文化，這個家是他的，住在這裡的人，每個人都要順從他，否則就要挨罵，所以小朋友都很怕爸爸。

孩子是看著父母的背影長大的，父母的行為會影響孩子的品行。看來孩子的爸爸是一個自我中心、大男人主義、粗暴和講粗口的人。孩子們看著容易發怒的爸爸，會有恐懼心。而且孩子會模仿家長的行為，會學習爸爸的壞習慣。

你現在的情況真的不太良好。

要改變爸爸似乎不太可能。

相信你已經試過和丈夫談話，希望他改變態度，但沒有結果。他覺得粗口是文化，吃他飯的人必須服從他。與「唯我獨尊」的人相處，太不容易了。

所以，現在你可以做的，是幫助孩子在這個情況下成長為一個開心、有自信和充滿希望的人。這是一個難題。但不要氣餒，有的是辦法。

首先，讓我們用另一個思維去想想這件事。我提議你想一想，丈夫有什麼優點？

例如：他孝順自己的父母；他得到外邊的人信任；或很努力工作，經濟能力良好；沒發脾氣的時候對你不錯，沒有喝酒、賭博或外遇等等。

盡量找到他的好處，告訴孩子，爸爸並不是那麼可怕，有值得尊敬的地方。很少人是一無是處的，好好再想一想，為什麼你會下嫁他。

也有可能爸爸在外面工作很辛苦，又未必受到人尊敬，所以回到家就作出很多自大行為，去取得優越感。為了家庭又不能不上班，受了氣只好在家裡發洩。

你不贊成他的做法，但也可以用同理心，盡量去理解為什麼他會變成這樣的一個人。那麼你對他的印象可能會改善。

讓孩子看到爸爸好的一面，可以減低他們的恐懼心。

另外因為孩子會模仿家長的行為，所以你要解釋給孩子聽，「不要學習爸爸的壞習慣」，譬如不要講粗口。因為粗口不是廣東人的文化，粗口不但會傷害他人，更會貶低自己的品格，令其他人不尊敬自己。講粗口的人不但是看低對方，也是看不起自己，有自尊心的人不會講粗口。

你可以解釋，可能爸爸在成長的環境裡有很多人講粗口，所以爸爸誤解這是文化，但在這個現代社會，粗口已經是不能接受的行為。所以不要學習這個習慣。

還有，絕對不可以用粗口罵妻子。孩子長大之後，無論是自己的妻子、女朋友或其他朋友也好，都不可以用自大的態度對待對方。

人都是平等的，沒分貴賤，沒分高低的，要互相尊重。

因為自己有優勢而去欺負其他人，是「冇膽匪類」所做的事。

可能爸爸在他成長過程之中，看到其他人做這個行為，所以現在他也用這個方法和媽媽交流，但孩子，你們不要學習，因為這個方法不能得到真正的友情、親情和愛情。不要做會傷害感情的事，要珍惜人與人之間的關係。

你說爸爸很專制，不讓孩子做很多事情。因為我不知道究竟是什麼事情，所以在這方面不知道如何為你解決。可能爸爸是對的，又可能是錯的，但在孩子成長之中，需要有一定的自由，讓他們發揮自己的想像力，從各種體驗之中了解到自己的潛力，才可以追求夢想。

所以你要鼓勵孩子們多運用想像力，相信自己的能力，不要看輕自己的可能性。爸爸太專制的話，孩子會失去很多學習的機會，也跳不出爸爸的規限，這是很可惜的。

到了青春期，太專制的家長的孩子會反叛，不再聽話，甚至學壞。所以你要加倍愛護孩子，告訴他們，你是支持他們的，不要害怕去追求自己的夢想。努力讀書，努力充實自己，長大之後做一個自己喜歡的人。

「我給飯你吃，我給屋你住，你什麼都要聽我的。」父母用這種方式控制孩子的話，待孩子不需要你供給他衣食住行的時候，就會趕快離開你，不會再孝順你。用這個方法教導孩子，就是寂寞晚年的開始。

你要告訴孩子，當他們長大成人、為人父母的時候，不要用這種方法。因為這是欺負沒有反抗能力的孩子的所為，無視孩子的人權。欺負弱小是卑鄙的行為，不可模仿。

除了以上的方法之外，請問你有娘家嗎？若你有娘家的話，暑假、聖誕假等等的時候，多帶小孩子回娘家住，讓他們感受到其他家庭的模樣，是溫暖的，溫馨的。回娘家住住，也可以有一段時間讓他們離開爸爸。得到一點自由。要是丈夫不容許你一起去的話，你可以讓孩子自己去。

若你沒有娘家的話，可以鼓勵孩子邀請朋友來你家住一晚，然後再讓你的孩子到朋友家住一晚，讓他學習到其他家庭的習慣，和感受到平常家庭的狀況，讓孩子有多些模仿的對象。

你也可以和孩子一起閱讀一些名作或看電影，選擇有關家庭的故事。讓他們知道世界上有各種家庭，各種感人的故事。這也是讓他們在腦袋裡面建築理想家庭的方法。

有些孩子會對父母的行為「有樣學樣」，但有些孩子會覺得父母的行為不對，反而絕對不會模仿父母的壞習慣，之所謂「反面教材」。你可以教你的孩子做後者。

話說回來，其實我覺得最大的被害者是你本人。這段婚姻給你很大的壓力，而且不能給你足夠的自信去愛護自己和孩子。

每一段婚姻都有獨特的問題，所以我不能在這裡建議你作任何決斷。若果你覺得這段婚姻是值得挽留的，我希望你的愛能夠改變你的丈夫；但若果丈夫對你的暴力不限於粗口的話，為了自己，為了孩子，你應該好好地想想自己的未來。必要時找一個心理專家來開解一下自己吧。

祝你好運！加油啊媽媽！

Q 我是一個爸爸，仔仔十歲。我本來做廚師，但半年前餐廳倒閉，暫時找不到新工作，正在失業。幸好太太在寫字樓有一份工作，未至於零收入。以前兩夫婦要工作，仔仔放學後會請人照顧直到太太放工，但現在我時間多了，又想節省開支，就變成放學後我

看孩子，但發覺自己不太習慣和他相處，我又不懂小孩子的話題，他好像很怕我似的。可能以前工作時間長，我很少單獨面對兒子，通常都有太太在身邊。如何令他沒那麼怕我？

雖然失業是很辛苦，但有機會可以和孩子多點交流，可說是不幸中之大幸，也是一件好事吧。

你那麼關心孩子，真是一個好爸爸。因為以前太忙，沒有機會和孩子交流，孩子對你有點生疏，也不明白你，所以可能有點怕你。

你可以真誠對孩子說：「爸爸以前沒有太多時間和你玩，但剛好爸爸現在有時間，可以多點互相理解。」

有些辦法可以把父子關係拉近，其中一個好辦法，就是你和他進行一些共同活動。

因為你是廚師，我覺得你可以教孩子做菜。先帶他到市場上買菜，教他如何選擇材料。回到家裡，教他做一些簡單的菜式。做完之後，等媽媽放工一起吃。他感受到爸爸的專業能力，會對你更加尊敬。

而且當你細心教導他的時候，他會感受到你對他的關注和愛。

你也可以帶他到外面吃一些小點心，找到他喜歡吃東西。你可以說：「你喜歡的話，我可以教你如何做。」用你的一技之長和孩子溝通，是最好的辦法。

另外可以進行一些需要互相照顧的活動，譬如游泳、爬山、露營等等。他得到你的照顧，會覺得特別親切。不只是在家裡做功課或談話、看電視、打機，而是用行動去互相照顧，他感受到你的關懷，會覺得很高興。

其實一些小動作也會令小孩子覺得很開心。譬如摸摸他的頭，走路時搭著他的肩膊等等。在回家的路上賽跑，看誰跑得最快等等。這些小活動，也可以令孩子感受到歸屬感，覺得自己有一個愛自己的爸爸。

還有另一個辦法，就是邀請他的朋友跟你們一起去玩。譬如一起去踢波，一起去公園，甚至去小旅行。那他會發覺你除了對他好之外，對他的朋友也很好，孩子會覺得很驕傲，因為可以在朋友面前表揚自己的爸爸，讓朋友見到爸爸是多麼細心，爸爸是多麼堅強，爸爸是多麼愛自己。這樣他會更加覺得有歸屬感和尊重你。

你可以告訴孩子：「現在的時間是非常珍貴的。因為待爸爸之後找到工作，又會不夠時間和你一起相處，所以希望多點和你製造美好的回憶。」

我的孩子們小時候，他們的爸爸會用很多方法與他們交流。例如會突然間說：「今天晚上會有流星，我們開車到郊外看流星吧！」

又會說：「明天不要上學了，我帶你們去溫泉。」

每年他們都會只用零錢去小旅行，所以父子間的感情很好。

我自己的父親因為要養育六個孩子，工作非常繁忙，很少在家。但我記得每當爸爸回家的時候，都會找時間和我們玩耍。星期天他會和我們玩捉迷藏。家裡並不大，爸爸永遠都藏不起來。逗得我們大笑。

冬天爸爸會買冰淇淋給我們吃。媽媽會很不高興：「這麼冷，還吃冰的，會著涼啊！」

但爸爸會說：「冬天在外面吃冰淇淋，不會那麼快溶掉，很好啊！」

我們會點頭贊成，好開心。

爸爸有空的時候會教我們玩撲克牌。所以我們六個兄弟姊妹，都精通很多撲克牌的遊戲。

我的爸爸很早就去世了，我永遠都懷念他，因為我知道他愛我們。相處的時間不需要多，只要是溫馨的，就可以了。

你可以用適合你的方法與孩子交流，他一定會明白的。只要你心裡面記住：「我愛這個孩子，我會保護他，我會幫助他成為一個快樂有用的人。」那孩子就一定能感受到你的愛。

加油啊爸爸！

Q 美齡老師你好，我是一名準媽媽。我的父母掌控慾一直很強，我已經預感到他們會深度插足我以後帶孩子了。我們生活上很多觀念都不合，從現在開始該怎麼辦呢？總結起來就是，「年輕爸媽和上一代育兒觀念不同怎麼辦」？

年輕媽媽和上一代的育兒觀點不同，是一個常見而頭痛的問題。有些年輕家長會抗拒老一輩的想法，用自己的方法育兒；但有些孝順的年輕爸媽，因為怕傷害老人家的自尊，當觀點不同的時候，會覺得很難做。而且孩子在爸媽和祖父母之間，因為教導方法有差異，會有點不知所措。

首先我會向祖父母提議，不要強迫子女用自己的育兒方法去教導孫子。因為年輕人需要通過育兒的經驗，才可以成長為好的父母。年輕人有年輕人的一套，我們要尊重他們的想法。

站在年輕爸媽的立場，如何去應付祖父母的過分參與呢？

你可以和老人家說清楚，希望老人家不要太深入參與你的育兒。但掌控慾強的老人家，可能會覺得你不尊重他們，會傷心、憤怒。所以這個方法會有反效果。

其實，你要擔心的不是你和老人家的關係，而是你和孩子的關係。你與孩子之間的關係必須很密切。

祖父母會向你提議，或甚至直接管你的孩子，所以你要和孩子有鞏固的默契。你可以跟孩子說：「你要明白祖父母是為你好，但凡事最後都要你和媽媽作主。一定要尊重老人家的意見，但最終決定權是在媽媽和你本人啊！祖父母說可以做的事，也一定要和媽媽商量，若媽媽覺得不能做的話，你要尊重媽媽的意見。」

你和孩子之間要有這個承諾，讓孩子知道你永遠站在他那一邊，什麼事都可以跟你說。當老人家說可以做某一件事，而孩子也非常想做，但你覺得不適合的話，你要用耐心解釋給孩子明白，為什麼不可以做。

譬如老人家想給孩子喝汽水，你覺得汽水對孩子沒有好處，但孩子很想喝的時候，你要把汽水對身體的壞處解釋清楚給他知道。「汽水因為糖分高，會令你感到很興奮，不能夠控制情緒。但糖分被吸收之後，你就會覺得很低落，希望再喝多一瓶。喝了之後，又興奮起來，過一會又低落，令自己更失控。而且糖分高會影響胃口，時常喝的話，可能會患上糖尿病。所以要避免喝汽水。」

你要用符合孩子年齡的方法解釋給他聽，他覺得你說得對的話，就算你不在的時候，他也不會喝汽水。但你要教他一個方法婉拒祖父母。你可以教他說：「我比較喜歡喝牛奶。婆婆你給我牛奶好嗎？」這樣，孩子不會得罪老人家，又可以聽媽媽的話。

所以除了教孩子什麼不可以做，還要教他如何和老人家對應。孩子的適應力很高，很快就會學得到。他做得對的時候，一定要讚賞他，擁抱他，對他說他是乖孩子，和媽媽是最佳拍檔。孩子會感到驕傲，但又不會得罪老人家，從中可以學習到做人處世的方法。

若你不想老人家太深入你育兒的過程，那麼就不可以把孩子時常交給祖父母照顧。

因為孩子會覺得最常照顧自己的人是最可以倚賴和相信的人，所以你要盡量用多一點時間和孩子相處，不能短過他與祖父母相處的時間，否則孩子會覺得祖父母比你重要，那麼你要孩子聽你的話，就沒有那麼容易了。

若你需要上班，一定要託祖父母照顧孩子的話，那麼一下班就要接孩子回自己家吃飯、玩耍、洗澡。盡量每晚與孩子一起睡覺，因為睡著之後，孩子也可以感覺到你的存在。那麼加起來，你和孩子相處的時間，就會長過祖父母。

你是準媽媽，謹記要在孩子八歲之前，盡量在自己身邊培養。孩子過了八歲之後，多一點和祖父母相處，也不會影響母子之間的關係。尤其出生後的前三年，孩子需要你在身旁。

話說回來，其實老人家有很多知識和經驗，我們都應該學習的。不要一開始就有抗拒心，可能你生了孩子之後，會對自己的爸爸媽媽更加感恩，亦能夠感受到他們養育你的時候是多麼辛苦的。

生大兒子的時候，我買了一個搖籃，想孩子睡著之後把他放進搖籃，然後自己就可以安心睡覺。

婆婆大大反對，說：「你不跟他睡，我跟他睡。」結果我們三人一起睡。晚上寶寶一動，婆婆就會立刻起來，抱著寶寶，邊行邊唱搖籃曲，我看了真的很感動！於是我也同樣做了。

早上起來，趁寶寶睡著，我說：「我們快點吃飯吧！」

但婆婆大大反對：「寶寶在睡覺，等他起來一起吃。」

寶寶根本就不能吃飯，但婆婆堅持寶寶已經是一家人，要一起吃飯。等寶寶醒來，婆婆會一手抱著寶寶，一手吃飯。跟寶寶說：「你看，這是媽媽，這是婆婆。你大了也可以吃這些東西啊。」一直跟寶寶說話。我看了也很感動，之後我也同樣做了。

婆婆絕對不願把寶寶放下，不是由她抱著就交給我，或交給親戚幫忙抱一抱。所以寶寶是從一個人的懷抱，到一個人的懷抱，再到另外一個人的懷抱，沒有孤獨的時間。

我是專攻兒童心理學的。科學上也證明了，得到越多刺激的小朋友，腦袋成長得越好；得到越多關注的小朋友，心理成長得越好。所以婆婆的方法是絕對正確的。並不是因為她讀了大學或讀了心理學，而是從她的經驗，她知道這樣照顧孩子對孩子最好。

所以做媽媽的，不要太抗拒老人家的做法。老人家做的事，有些時候是有根據而且對孩子有益的。

可以學的我們學，覺得不適合的，我們和孩子配合，盡量不受影響。

要在尊重老人家和用自己方法帶孩子之間取得平衡，的確不容易，但只要你和孩子有默契，是沒有問題的。

曾經有老人家對我的孩子說：「你是一個可憐的孩子，因為你媽媽要工作，不在家等你放學。」

孩子哭著回來跟我說：「我是不是一個很可憐的孩子？」

我抱著他，告訴他：「媽媽愛你比自己的生命更重要，你是一個很幸福的孩子，絕對不可憐。不要相信其他人告訴你的事，他們不知道我有多愛你。你知道我有多愛你，是嗎？」

孩子點點頭，笑了：「對呀！我知道啊！」

過了幾天，他告訴我，他向老人家說：「我媽媽很愛我，比自己的生命更重要。我是一個非常幸福的孩子，不要說我是一個可憐的孩子啊！」我覺得孩子很勇敢，很可愛。

所以只要你和孩子有默契，你們一定能抗拒其他人的影響的，不要太擔心！

加油啊準媽媽！

Q 小朋友長期由婆婆照顧，升上小學後開始經常對抗媽媽。小朋友說原因是為了保護外婆，請問如何改善與小朋友的母子關係？

由祖父母照顧的小朋友，會覺得祖父母比自己的父母更重要、更親切。生了孩子，並不代表你就可以順理成章得到孩子的尊敬和愛護。要和孩子有溫馨的關係，父母要用心去照顧孩子，表達你的愛，否則孩子會對你有所抗拒。

年輕父母為了工作，在沒有選擇的情況下，把孩子交給老人照顧，無形中失去了學習做父母的機會。孩子到了一定歲數才回到父母身邊，這時候，孩子和父母都需要重新學習如何相處，調整親子關係，很不容易。

你的小孩和你對抗，而且說是為了保護外婆！這說法有點奇怪。為什麼是保護外婆呢？

這有幾個可能性。

第一個可能性是：是否你和外婆的關係不融洽呢？是否你和外婆時常有爭執呢？孩子是否覺得外婆受媽媽欺負呢？

若果你和你母親之間真是有問題的話，這個情況一定要改善。孩子看到你不尊重外婆，他會學習不需要尊重你。

要是你對自己的媽媽態度不佳，孩子對你的態度也不會好。兒童學習待人處世時，往往會模仿旁邊的人，有樣學樣。

你想孩子如何對待你，你就如何對待你媽媽，那麼孩子的態度一定會改善的。

第二個可能性是：你和你媽媽的關係良好，不知道為什麼孩子會這樣說。

這樣的話，可能是孩子怕失去外婆的寵愛，或怕你會分開他和外婆，所以與你對抗。

這個情況下，你需要爭取孩子的信賴，也要讓他明白，他可以又愛外婆，又愛媽媽，不需分彼此。愛媽媽不表示愛外婆少一點，愛外婆也可同時愛媽媽，這不是比賽，也不是有你無我的世界。

很多時，媽媽會妒忌孩子對祖父母的愛，而無意識中產生敵對心。這種思維，會不知不覺地從說話和行動中表達出來。自己可能不知道，但旁邊的人會看得出來。可能你心急想得回孩子對自己的愛，在言行舉止中曾表達出對外婆的不滿。孩子看到，就會覺得你無理，而他需要保護外婆。

還有一個可能性是：孩子給外婆寵壞了。

老人帶孫子時，往往不如父母那麼緊張，比較放鬆；但父母有管教孩子的重任，對孩子會比較嚴謹。

孩子習慣了外婆什麼都聽自己的，回到父母身邊的時候，發覺要遵守各樣規則，當然會覺得很沒趣。

孩子希望回到和外婆一起時唯我獨尊的生活，所以抗拒父母。

你的孩子是這個狀況嗎？

要是被寵壞了，你可以幫助他改過。

一方面表示你有多愛他，有多喜歡他，然後向他解釋要改過的地方。「不是婆婆做得不好，而是你長大了，可以做到的事情也多了。一起努力吧！」

要是孩子還是住在外婆家的話，你需要和外婆好好談談，做一個計劃去幫助孩子建立好習慣。

好好反省一下，究竟原因是在自己，或是外婆，或是孩子呢？情況不同，解決方法也不同。趁著孩子還年幼，用你的愛心去幫孩子改變，也盡量改變自己的態度，建築三代同堂的好關係吧！

媽媽加油！

Q 我是一名單親媽媽，我認識了一位喪偶的男士，如果我跟他再婚的話，我們家將有三名子女。現在這三個小孩關係融洽，不過我擔心將來同住時，孩子們的關係可能會不一樣，可能會爭寵，或誤會父母偏心。我們現在應該做什麼來使大家關係更親密，好使新家庭成員更相愛？

首先恭喜你找到對象。

若你覺得這位男士是你可以信任和一起度過一生的人的話，這是一個非常好的緣份。

你是一個很好的媽媽，所以你擔心三個小孩子能否和睦相處。看來他們現在的關係不錯，但不知道將來住在一起的時候，會否出問題。

我覺得你們可以和三個小孩子坐下來談一談，問一問他們：「爸爸和媽媽想結婚，你們贊成嗎？」

看看孩子們的反應。告訴他們將會在哪裡住、房間的分配如何、是否需要轉校、可不可以再見到現在的朋友，等等。對孩子來說，這都是重要的事情。

「大家一起生活的時候，就會變為父母和兄弟姊妹。你們能和睦相處嗎？」看看孩子們如何反應。如何稱呼大家？要叫媽媽？爸爸？哥哥？姐姐？妹妹？弟弟？還是叫名字？這都需要談談。

新生活會對孩子有壓力，需要心理準備，也會有預想不到的憂慮。你們可以對孩子們說：「我們來做一個承諾，就是有什麼問題都要開心見誠地討論，不要放在心裡。爸爸媽媽會盡心盡力去愛你們，絕對不會偏心。若果你們感覺到有什麼問題，不要猶豫，立刻拿出來大家說清楚。因為是一家人，不需要有秘密，坦誠相處是最好的辦法。」

讓孩子知道你們有接受他們意見的準備，不需要隱瞞、憂慮。

另外，你可能會覺得要對伴侶的孩子更加好，因為自己親生的孩子知道媽媽愛他們，而伴侶的孩子需要多點關注。但我覺得應該平等對待，否則親生的孩子會覺得你不公平。所以不要想得太多，只要對每個孩子都一樣愛護，問題應該不大。

因為你沒有告訴我三個孩子的歲數，我只好給你兩個提議。

若孩子們已經踏入了青春期，問題比較複雜。

因為他們正處於尷尬的年齡，不能夠完全控制自己的情緒，所以會有點反叛。如他們找不到反叛的理由，就會利用你再婚為原因來反叛你。這是非常有可能的反應，不要著急。

這個時候你可以告訴他：「再婚或不再婚，媽媽對你的愛不會加不會減，永遠都是那麼愛你。你反叛我也好，不反叛我也好，我永遠都是那麼愛你。」可能他好像聽不入耳，但其實你重複告訴他這番話的時候，他表面上反叛，但心裡會明白和感恩的。相信孩子的理解力，關注他的一切感受，這麼孩子一定會理解你為什麼決定再婚的。

要是孩子們還是小學生的話，事情比較簡單。

多花點時間和他們交流，多擁抱，多談話，多做飯，多搞笑。讓他們覺得「新家庭比單親家庭好得多了」。他們會覺得你們結婚，對他們來說是一件好事。媽媽，不要愁眉苦臉地去擔心，要眉開眼笑的度過每一天。媽媽開心的話，小朋友特別幸福。這段婚姻成功與否，就是看你的正能量是否能夠維持下去。

不要過度擔心，用你的正能量去把新的家庭建築起來吧！媽媽的微笑是家庭的太陽，你的正能量是家庭的動力。只要你在心裡知道你對每一個孩子都是同樣的喜愛，他們會從你的行動中感受到的。

重複再說，最重要的是坦誠相對，不要互相猜疑。關注孩子的感受，讓孩子明白你的意見和動機。只要家庭裡有愛，什麼都可以解決的。

再次恭喜你找到對象，希望你一生幸福！加油啊媽媽！

哲×理

Ch.4 Philosophy

孩子長大，接觸外面世界，好的、壞的、正確的、錯誤的訊息不斷交錯，不小心的話孩子會失去衡量善惡的能力。所以做父母的要注意孩子處身的環境，用愛心去誘導他們走向正軌。

Q 如何與孩子討論「生老病死」的問題？有一天我丈夫接五歲的兒子放學，兒子突然問他：「爸爸，不好好照顧自己是會死嗎？爸媽會死嗎？哥哥會死嗎？我也會死？」丈夫對他說：「人老就會死。」孩子越來越傷心，問我同樣的問題。我不想說假話，所以我們告訴他：「這是自然的事，爸爸媽媽哥哥也會好好照顧自己。」我問他為什麼會問這個問題，他告訴我們，老師在學校講了一個有關美國總統的故事，老師告訴小朋友，這天是用來紀念過世了總統。那天睡覺之前，我的兒子又跟我說：「媽媽，是不是我們都會死？」我告訴他：「爸爸媽媽會好好照顧自己。」第二天早上，他仍然問我同一個問題。我發覺他一直在想著這個問題。我想知道有什麼方式，可以和小孩子討論有關生老病死之事？

多謝你提問，這是一個非常重要的問題。不單是小孩子，我們就算和大人討論「生老病死」也很不容易。

雖然我們知道「死」是一件難免的事，但其實為什麼人會誕生，為什麼人會死去，在沒有宗教的家庭來說，要向孩子解釋不是一件簡單的事。

小朋友在學校學習了有關去世的總統，立刻聯想到有關家人的生死，表示孩子很可愛也很聰明，更顯示出他很愛家人。

聰明的孩子能夠明白很多事情，你可以坦白地告訴他，其實為什麼人會誕生又為什麼會死亡，沒有一個哲學家能清楚解釋。

人類為了解生老病死的疑問，創造了很多哲學和宗教。

因為我們害怕死亡，所以有很多宗教都會安慰我們，告訴我們死後有天堂、有極樂，所以可以安心地生活，不用害怕死亡。只要在生時做個好人，死後就可得到回報。

有宗教的家庭可以利用這個想法，向孩子解釋生存的意義；但沒有宗教的家庭的確比較困難。

我提議用實際的體驗，啟發孩子明白每一個生命都有限度，所以每一個生命都是美麗的。

孩子小時候，我為了讓他們明白這個道理，會與他們一起養小動物，和培植蔬菜、水果等等看著它們從種子變成幼苗，再變成植物，開花結果。然後我們把果實收成，做成餸菜，把它們吃掉，變成我們身體的一部份。我對他們說：「生命是互相倚賴的，而且會透過另外一個生命延續下去。所以生命是共同體啊！」

我不知道年幼的他們能夠聽明白多少哲學理論，但我深信他們會學懂感謝所有生命，植物、動物，包括自己和周圍的人。

因為我其中一個兒子有過敏，所以家裡不能養貓狗，但我們有養小龜、小青蛙、小蟹。

他們看到蝌蚪變成小青蛙，把牠們放回小池之後，又會產下蝌蚪，蝌蚪又變成小青蛙。直接看到神奇的生命循環，是非常感動的體驗。

我們養的一隻小蟹，用全身的力量排卵，排卵之後就去世了。孩子們很傷心，但覺得小蟹好偉大，為下一代犧牲自己的生命。

從其他生物身上感受到生命與死亡之後，能降低小孩子對死亡的恐懼，也可以令小孩子明白要珍惜生命的每一刻。

我亦告訴孩子們，我們每一個人來到世上都是有意義的，沒有一個生命是偶然的。如果我們能找到自己生存的意義，那麼人生就會很豐富，而且每天都會很快樂。所以要努力找到自己的人生定位，用自己愛人的能力去散發正能量，那麼自己和其他的人生就會更美好。

我的爸爸，他們的公公，很早就去世了。我拿出公公的照片告訴他們，公公一直活在我心裡。雖然我看不見他，聽不到他的聲音，但是在我腦袋裡，公公永遠存在。雖然不在身邊，但人是可以繼續在記憶中存在的。

「公公雖然去世了，但一樣可以安慰媽媽，愛護媽媽的。」他們聽了之後，好像很明白。我把大兒子的照片和公公對比，告訴他們：「你們看，哥哥和公公長得很相似！」大兒子笑起來，擁抱我說：「媽媽我代替公公愛護你！」聽了這句說話，我眼淚也出來了。生命真的會循環，我們是生命的共同體。

教導孩子明白生老病死，也就是教導孩子要珍惜生命。

你的孩子很聰明，我相信他會明白有些問題是沒有答案的。試試我的方法，讓他感覺到生命的珍貴。

看到其他生物的生死，他會慢慢接受別離雖然痛苦，但並不完全是負面的。心裡有愛，肉體的分離就不是永遠的別離。

Q 中學生的兒子經常抱怨，說別的同學家的父母對孩子比較好，主要是物質上的，例如零用錢的數目或者買新的遊戲機之類。我自問已經把我最好的東西都給他了，應怎樣和他溝通？

在一個高度重視物質享受的社會裡，要教小朋友不受金錢和物質控制，真的不容易。

你的孩子已經是中學生，在他的腦袋裡，好的東西都需要金錢才能得到；能給他物質享受的父母才是好父母，朋友的父母比自己的父母好。這個想法，一定令你很傷心。因為你已經盡了你的全力去滿足他，但他不但沒有感謝，反而覺得不夠。我很明白你的心情，一定很難受。

因為孩子已經是中學生，要改變他的思維會比較困難，但我們不妨試試看。

先說一說如何培養不受物質控制的小朋友。

首先我們大人要做好榜樣，不以物質享受為生活的中心。

獎勵小朋友的時候，絕對不要用金錢或物質，而是用一些活動和好玩的事情去獎勵他們。

從小要教小朋友感恩。不是在得到禮物的時候感恩，而是對有家庭、可以上學、可以吃飯覺得感恩。物質是身外物，不能永遠滿足自己，但親情、友情和信任，可以陪伴自己度過一生。

但有時候就算我們做好了以上所有事，小朋友開始上學之後，也會受到同學和朋友的影響，而變為注重物質享受的人。

那麼我們如何幫助他們改變思維呢？

有幾種方法可以試一試。

首先，可以在家裡舉行多一些活動。

我們家有很多獨特的活動。

譬如每年會舉行餃子大會，看誰吃得最多；又會舉行烹飪大會，看誰做的菜式最好吃；新曆年、舊曆年我們都慶祝；又會慶祝情人節、母親節、父親節、端午節、七夕、中秋節、重陽、萬聖節、感恩節、聖誕節等等。這些節日我們都會遵守傳統習俗慶祝，不會依靠物質，但會做各種準備，樂也融融地慶祝。

除此之外，我們還會慶祝家人的生日，所以真的很忙碌。孩子覺得生活多姿多彩，有很多好玩的事情。每個月都會期待下一個節日，生活樂趣多多。

所以我提議你也開始舉行一些自己家裡獨有的活動，令孩子感受到不需要買東西才是快樂，人生有其他能帶來滿足感和興奮的事物。

譬如「謎語尋寶大遊戲」，這是孩子很喜歡的遊戲。我會在公園裡藏起很多謎語，猜對了第一個謎語就可以找到第二個謎語的所在地，第二個謎語猜中了就可以去到第三個謎語，全部謎語答中之後可以得到一個獎賞。其實獎賞可能只是一袋曲奇餅，但孩子們也會玩得很開心。這個活動我多數都會讓孩子找朋友們一起玩，組成兩隊人去比賽。為了猜謎語跑來跑去，孩子會很興奮、很高興的。

我也會說：「孩子們我們去散步！」目的是去吃冰淇淋。

但方法是摘下一片樹葉，然後每人輪流把樹葉吹一下，看看樹葉指向哪一個方向，我們就往哪個方向走。走到街口，我們再請第二個人吹樹葉，再向樹葉指出的方向走。

有些時候會走到人家門前，有些時候會走到圍牆。可能需要用差不多一個小時才可以去到有賣冰淇淋的店，買到的時候真的非常高興。

如此這般，多用想像力，多舉行一些家庭活動，讓孩子感受到非物質性的享受，令他們知道人生是可以有很多方法得到快樂的。

所以假日不要只是和小朋友到商場買東西、吃飯，應用時間舉行多一點特別活動。

帶小孩子去做義工也是一個好方法。當他看到有很多人的生活比自己更困苦的時候，他會珍惜自己現有的生活。

社區內有很多義工活動，可以讓孩子與你一起參加，你可以找一些適合你和孩子的方法。譬如把舊衣服捐給其他人，一起做一些麵包送給老人，用自己的零用錢買一些小玩具給小朋友等等。這些行為都可以激發孩子的同理心和感恩之心。

我在中學的時候參與義務工作，對我的人生有很大的影響。當時香港有很多在貧苦中生活的小朋友，我接觸了孤兒、有病的小朋友、無家可歸的小朋友、殘疾兒童之後，發覺自己其實很幸福，應該感恩。而且知道可以用自己微小的力量去幫助其他人，從中獲得很多美好的時光。

所以我會帶孩子從小去做義工，讓他們明白世界上等著我們愛心的人有很多，幫助別人是最快樂的事。做過義工的小朋友，對物質的倚賴應該會減低，對父母的物質要求也會減少。

我的三個孩子到中學的時候，我都會送他們去做義工。而且不是在我身邊，而是送他們到外國參加義務工作，譬如泰國、柬埔寨等等，讓他們和義工團體一起，幫助當地的小朋友。

當孩子們看到當地小朋友的貧苦生活之後，會變得更有同理心，更堅強，而且知道自己可以為世界作出小小的貢獻。

這些經驗會令他們覺得要珍惜自己的生活和充實自己，長大之後作更多貢獻。

你的孩子已經是中學生，我建議你讓他參加義務工作，他一定能從中學到很多重要的東西。

另一個方法，是決定什麼時候可以拿到禮物。物質上的禮物不應該是孩子想要就買給他，而是決定一年之內有什麼時候可以作出要求。

我的孩子只有兩個機會要求禮物：一個是自己的生日，一個是聖誕節。小時候他們以為是聖誕老人給他們禮物，但長大之後知道是父母買給他們的。一年只有兩個機會，所以他們會很小心，想清楚要買些什麼。想得越多，等得越久，得到的時候就會越高興。

從中我還發覺一個意想不到的結果，就是當孩子們想清楚之後，很多時候會發覺根本不需要那個東西。所以他們越來越沒有興趣要求禮物，反而說「什麼都不要！」真是一個驚喜。原來孩子們想清楚之後，會發覺自己不需要那麼多東西。直到現在，他們的物質欲都很低，不喜歡買東西。

但做父母的，還是想在生日和聖誕節時買禮物給他們，所以每年都很頭痛。

你也可以試試看，決定一年之內在什麼時候買禮物給孩子，其他時候孩子需要耐心等待。

這樣可以鍛煉他有耐性，和細想為什麼想買那件東西。或者他也會像我的孩子一樣，發覺原來自己不需要那麼多東西呢。

另外，孩子已經是中學生，你可以向他解釋很多人生道理。

你可以對他說：「媽媽最好的，都已經給你了，不要羨慕其他人。因為別人是別人，自己是自己。不要拿自己與其他人比較，也不要拿自己的父母與其他人的父母比較。因為『比上不足，比下有餘』，比較是沒有意義的。可能他們物質上的享受比較多，但我們家裡的愛，我們家裡的信賴，我們家裡的親情，絕對不會比其他家庭缺少。倚賴物質是永遠不會滿足的。擁有得越多，希望得到的就更多，人生會很痛苦的。

『知足為樂』是重要的人生道理。當然我們希望過更好的生活，所以我們努力工作，提升自己的價值，希望在社會上得到認同，賺取更高的收入。但這不表示我們沒有金錢就不快樂。不需要金錢也能得到快樂的人，才是最富有的。」

和孩子好好談談，試試我的方法，希望孩子能明白物質不是全部。

加油啊媽媽！

Q 想請問美齡老師，怎樣跟孩子討論有關錢的問題？

在現代社會，沒有錢就不能生活；錢越多的人，生活就越好。很自然地，錢財變成大家追求的目標，社會常用收入來評估人的價值，令人很難有勇氣去追求其他理想。

當家長的，希望孩子們知道世上有很多比錢財更珍貴的東西，更希望孩子不會變成一個市儈的人。如何去教導孩子有關金錢的觀念呢？

我在教導孩子有關金錢的時候，最終目的是希望他們不受金錢控制，要他們明白金錢買不到快樂。自己的價值不是基於收入，而是基於品格和善心。

「錢是重要，但不是一切。友情、親情、同理心都是錢銀不能買到的。」從小我時常給他們說這個道理。

我們家經濟環境良好，但孩子到高中為止，我都沒有給他們零用錢，春節拿的紅包也會全部存入銀行。必須用錢的時候，譬如和同學上街，或要買生日禮物給同學，他們會做好預算和我商量。要求得太多，我會告訴他們：「不用這麼多啊！」要求得太少，我會給他們多一點。用不完，他們會退給我。

其他時候，他們沒有表示過需要用錢。

早上做便當，我會細心地加上一盒點心，或巧克力、水果、蛋糕、曲奇等等，很多時候都是我親手做的。這樣，孩子肚餓時可以和同學們分享，就不需要去買零食，朋友也喜歡我的小點心。

他們放學回家時，我會準備好一些零食，如玉米、番薯、飯團、水果等等，好讓他們不會在吃飯之前肚餓。我也很歡迎其他同學一起回來分享食物，所以時常都會有其他小朋友來家裡作客。

可能因為這個習慣，而且衣食住行都由父母供給，孩子們真的沒有用錢的必要。

但我時常告訴孩子，我們是很幸運的，有住的地方，可以上學，有衣服穿，有東西吃……世上有很多小朋友都不能過這樣安定的生活。

我告訴他們：「夠用就好了。過份的消費沒有意義。」

我的朋友說：「不給他們零用錢，學不了理財，長大後會有問題呀！」

不會的。

理財不單是數好手上的錢，然後決定如何消費，這是很容易學會的事。真正的理財是理解世界走勢，選擇聰明的投資方式。理財失敗的人，可能都是有浪費偏向，和看不透前景的人。

所以要培養孩子理財的能力，要教他們關注世界上的大小動向，理解經濟的運作。

但我也有方法教孩子們精打細算的。我們會把零錢存進一個大箱子裡，存滿之後，捐一半給世界兒童，另外一半爸爸會和兒子們一起去旅行，只是男生，不帶媽媽的。

每次旅行大約都兩三天。零錢有限，孩子們需要小心計算，不然會不夠錢吃飯或搭車。

夠錢的時候就搭車，不夠的時候就走路；夠錢的時候去餐廳，不夠的時候吃麵包。

每次回來，都覺得孩子變得更懂事，更會珍惜眼前。

當然，我也告訴他們要多學習，做一個有用的人，能在社會上自立，過經濟穩定的生活。為了不依靠別人，一定要擁有實力，不被淘汰。用心學習，不怕吃虧，努力工作，金錢自然會出現。最要緊的是喜歡自己的工作，否則無論有多少收入，人生也是不幸福的。

這番說話，聽起來好像是理想的空談。但在孩子的心裡有這個道理，當他們選擇工作或追求收入的時候，會有一個正確的價值觀。

豐富的人生不是指你買了大屋，或過戴金錶首飾的生活，而是人生中有無數感動的經驗。

最佳的用錢方法是去學習，去體驗；和大自然，和其他人交流。

美麗的回憶越多，人生越富裕。

不受金錢控制才是自由的人生。

媽媽加油啊！

Q 陳老師你好，我有一個五歲多的女兒，最近常常抱怨生活不夠

自由自由。譬如為什麼一定要上幼稚園，為什麼不能從早到晚都自由自在按她的意願玩耍。我想知道怎樣和女兒好好談論這個問題，因為不久後她就要上小學了，會更加不自由的。

你的女兒只有五歲，已經談及「自由」，真的非常聰明！要解釋「自由」，非常不容易。哲學家、宗教家也未必能解釋清楚。

在字面上，自由就是「跟隨自己」。

那麼首先要回答的問題是「我是誰？」「我想做什麼？」自由的基本，就是先要認識自己。

為了尋找「我是誰」，我們需要學習很多東西。

因為在我們面前的東西只是一小部份，世界上還有很多東西，我們需要去理解，才能知道自己究竟想做什麼。除了現在的東西，還有過去的東西，我們都需要學習，才能知道自己在世界上的定位。

知道自己的定位，才可以知道究竟自己真的想做什麼。

找到真正的自己，然後才能達到真正的自由。否則不但會錯過無數的機會，更可能會失去人生意義，毫無目的地枉此一生。

採取自由行動，是指「順從自己的意願去選擇」。

我們無時無刻都在作出選擇。

今天的選擇會影響明天，明天的選擇會影響後天。人生是選擇的結果。

認識自己的人、能用理性和智慧去做聰明的選擇的人，人生會過得愉快，後悔的事情不多。不理解自己的人，會不小心地選擇，受人煽動地選擇，或衝動地選擇，往往會有不理想的結果，人生會有更多挫折和遺憾。

我們教育孩子就是希望他們能夠找到自己，而且能夠作出聰明的選擇，追求一個幸福的人生。

所以上學不是奪取了我們的自由，反而是給我們更多能力去自由行動。

要讓五歲的小孩子明白這道理，真的很困難。

首先媽媽要明白這個道理，只要媽媽明白，一定可以找到方法告訴女兒的。

讓我給你一些提議。

你可以問問女兒：「你想如何生活？」

要是她說「整天玩耍」，你可以問問：「玩什麼？」

譬如她說「去公園玩」，你可以說：「我知道有一個很好玩的公園。我們一起去吧！但媽媽不知道如何去，你幫忙找找。」

女兒：「？」

你說：「可以在網上找到呀！」

女兒說：「我不會。」

「上學學會讀書寫字，就可以找到啊！那麼我們就可以去更多地方，自由玩耍了。」

另一個情況：

「爸爸說和我們到外面吃飯，我們看看是哪一間餐廳。爸爸說一定要你把餐廳的名字讀出來。」

你把寫有餐廳名字的字條給她看。

她看不明白。

「真可惜，不能去了。」

「但只要你用心上學，學會讀書寫字，以後就沒有人可以難到你了。」

你和她去買東西，把錢包交給她。

「今天你付錢吧。」

把東西選擇完，你問她：「夠不夠錢？」

女兒不知道。

「用心上學，學會了加減乘除，就可以知道夠不夠錢買東西。」如此這般，生活上有很多知識是需要學習的，否則想做的事也做不到。

所以上學讀書並不是失去自由，而是能夠得到更多知識，更明白自己想做什麼，得到能力去採取自由行動。

日常生活中，多給女兒一些需要知識的難題，讓她明白學習的重要性。自由不單是什麼都可以做的意思，其實是要明白自己想做什麼，加上學習，然後才有能力去驅使自由的行動。

五歲的小女兒可能不明白，但在她的成長過程中，重複地給她說清楚，慢慢她會理解的。

加油啊媽媽。

Q **孩子一向比較乖巧，但大概兩年前，差不多疫情開始，常被困在家中，好像對她的心理造成了一些影響。加上當時她常常上網，也不知道是否看多了一些所謂的哲學道理，她的想法轉變很大，開始跟我們討論她認為對的事。**

有次她問：「為什麼子女要孝順父母？父母讓我出生，就應當供養我，是他們的責任。但我長大了不一定要供養孝順他們。」這樣我很困擾，因為有些價值觀的事很難完全解釋清楚，但也不能不跟她說明。我該如何做？感謝你的解答。

孩子長大，接觸外面世界，會得到多方面的想法，直接影響他們的價值觀。尤其是現在的網上世界，好的、壞的、正確的、錯誤的訊息不斷交錯，不小心的話孩子會被洗腦，會被利用，失去衡量善惡的能力。所以做父母的要注意孩子在網上的行為，否則孩子可能會變得越來越難理解。

你的女兒正在開始建立她的價值觀，希望理解人生道理。雖然她在網上得到了很多想法，但慶幸她願意和你交談。她願意和你交談，比孩子不跟父母說話的情況好很多。

你在發問中指出，女兒的道理是「父母選擇生小孩，就有責任去供養孩子，但孩子不需要報答父母」，令你覺得很困擾，因為這個想法表示她沒有感恩之心。我很明白你的擔憂，沒有感恩之心的人怎樣能度過一個快樂的人生呢？

但當我們和孩子說話的時候，首先要站在孩子的立場。不要一開始就表示：「你說錯了啊！要改變這種思維啊！」這種態度，會立刻令你和孩子變成對立的關係。

我們想建築的是互相理解，互相尊重的關係。

所以我們要抱著好奇心和孩子討論：「為什麼你會有這個想法呢？可否和我多分享一點？」讓孩子多發表她的意見。

聽完之後，家長也可以表達自己的意見。

很多時，討論會沒有結果。你應表示：「意見不同沒有問題，只要我們互相尊重，互相包容，互相愛護就可以呀。」

話說回來，針對女兒指出有關孝順和報答父母的問題，我覺得孩子說的也有一點道理。

生兒育女，是為了增加家庭的生活能力，多些人幫忙；子女長大後是家庭收入的來源之一；父母年老不能自力更生時，子女為了報答養育之恩，奉養父母——這是我們中國人覺得天公地道的想法。

但其實西方社會並不重視報答父母的想法。

孩子們自立之後，年老父母不一定會期待他們照顧自己。

現代東方社會也因為家庭觀念的變化，為了保障小孩和長者等不能自力更生的弱勢群體，定下了法律和福利政策來照顧他們。

所以女兒說的是現實狀況。

但我相信你擔心的，是女兒覺得什麼都是應得的，不須回報，也不須感恩，不覺得父母的養育之恩有價值。這的確是有問題的。

那我們如何令孩子明白感恩之心的重要性呢？

要孩子感覺家庭的溫暖、父母的愛心，我們要建立孩子對家庭的歸屬感，自己不但是家庭的成員，也有保護家的責任。

我提議父母可以多和孩子們講述家庭的歷史，和商量現在的問題。

「今天又被上司責怪了……真想放棄，但又不能無收入……」

「祖母在抗戰時，受了很多苦，讓我告訴你祖母的故事……」

「我是這樣認識你爸爸的……」

「生了你，媽媽真幸福……」

「大家在一起，所有難關都可以大步邁過吧……」

讓孩子知道她現時的生活是幸福的，而且這幸福是經過很多人的努力和艱苦而建立起來的。

價值觀不單是理性的道理，也是感性的選擇。

知道照顧父母不是必然，但依然樂意照顧父母，這是愛的表現。因為在年幼的記憶中，父母為自己付出了很多，自己很感動，所以自然地想去照顧父母。這不是什麼道理，而是感性的選擇。

若家中交流不多，兒女看不到父母為自己犧牲，就很難培養感恩之心。

所以我更提議當孩子在身邊的時候，盡量建立美好的回憶，讓孩子們感到家庭的溫暖、父母的愛護。這些感覺，會幫助他們建立同理心、感恩之心和自我犧牲的精神。

我育兒的方針，是盡全力去養育他們。做得好、做得不好是另外一件事，但我會盡全力。

我們家經濟環境沒有問題，唯一的問題就是因為我工作忙碌，不夠時間和他們在一起。但我會非常努力地找時間為他們做事。

譬如每天早上，無論前一晚多辛苦也好，我都會在六時前起床，為他們做便當、做早餐，與他們一起吃。吃完早餐之後，帶他們上學。他們知道媽媽很累，但每天都會為他們努力，現在長大了，還時常會提起我做的便當，說很感恩。

譬如他們生日的時候，我每年都會為他們做生日蛋糕。無論多忙也好，我都會問他們：「你喜歡做什麼蛋糕？」那他們會說：「老虎蛋糕！」「熱帶魚蛋糕！」「恐龍蛋糕！」等等。我會那天晚上不睡覺，在廚房為他們烤蛋糕。他們都知道我是如何努力的，到現在還在說，「媽媽做的蛋糕真是太棒了！是世界上最好玩、最好味的蛋糕。」

我會盡量每天為他們做晚餐。有些時候，我差不多七點才回家，孩子們都餓壞了。但我會用神速烹飪技術，在三十分鐘之內做好晚餐，與他們一起吃飯。有什麼特別的事或其他工作，就吃完飯之後再做。他們到現在也會說：「媽媽不會讓我們一個人吃飯，真的很偉大。」

為孩子做的每一件事，他們都會記得的。絕對不會是白費的。

不要怕辛苦，不要誇耀，默默地盡量去愛你的孩子，照顧你的孩子吧！那麼孩子不用多說，也會孝順你的。

這些感覺是需要在家庭培養的。

現在也不會太遲。盡量找機會表達你對女兒的感情，幫她培養一顆美麗、善良和感恩的心吧！

媽媽加油啊！

Q 想問有關性教育的問題。發覺兒子偷偷用電腦看色情網頁，應如何教導或阻止他，也不會感到尷尬呢？

因為不知道孩子有多大，我只好想像是青春期前後的少年吧。踏入青春期，孩子體內的荷爾蒙分泌旺盛，幫助他們從小朋友變為有生育能力的大人。在這段期間，孩子不能控制自己的情緒，也會對自己身體上的轉變覺得不舒服。

華人社會的性教育沒有西方社會那麼開放，若家長也沒有灌輸性知識給孩子的話，孩子唯有用別的方式去尋找。

以前孩子會偷看 *Playboy*，或其他裸體照片的雜誌，現在孩子們有不明白的東西，第一時間就會上網。

因為現在互聯網上，好的壞的知識什麼都有。孩子在尋找性知識時，很容易就會受到不良影響。

我們擔心的不是孩子看了一些性交的片段，而是怕他們養成不健全的性嗜好，或沉迷於色情網頁。

我提議你先和丈夫商量一下，讓爸爸與兒子溝通有關性的話題，會比較自然。若爸爸不願意的話，媽媽也不須感到尷尬，可以找個機會和孩子談談。

談之前，先看看那些網頁是什麼內容，是否可以容忍。

你可以跟孩子說：

「有一件比較重要的事要和你商量。」

「是有關性交和生養的問題。」

「過了青春期，你開始是成年男性，和女性性交時，如果不避孕的話，是大有可能令對方懷孕的，所以一定要小心。而且一定要愛護對方，要對方同意才可以接近對方啊！否則發生了問題時，可能會影響自己和對方一生。真的要小心謹慎啊。」

「性交是一種示愛的行為，和互相愛護的伴侶進行性交，是十分自然和美麗的事，但只是為了滿足慾望的性交，媽媽不看好呢。」

「擁有生兒育女的能力，是非常珍貴和幸福的。長大了，經濟情況穩定之後，找到你深愛的伴侶，結婚生小孩，是非常值得慶賀的。找伴侶也不需要心急，緣份到時，一定能碰到理想對象的。」

說完了這番正經的話之後，你可以提出你擔心的問題。

「媽媽知道你有看色情網頁，媽媽怕那些網頁的內容不健康，很擔心。」

「其實媽媽因為擔心也看了一遍，覺得還是不要多看比較好。」

看看孩子如何回應。

若孩子覺得尷尬，你告訴他：

「不用尷尬。媽媽十分明白你的好奇心，但如果一不小心沉迷了，要改過很不容易啊！所以希望你以後不要再看，可以嗎？」

相信孩子會贊成的，但並不保證他過後不會再看。

這也是成長過程的一部份吧！但作為家長，需要說的話已經說了，說了那番話，讓孩子有一個正確的觀念，這是非常重要的。

希望孩子會謹記你的說話吧。

我送孩子們到美國讀高中時，他們剛好是十五歲左右。美國有很多誘惑，我很擔心，於是告訴他們：

「No Drugs, No Booz, No Babies.」就是不可以吸毒品，不可以喝酒，不可以讓人懷孕。

年輕人的好奇心、衝動，受到朋友的壓力和誘惑，大有可能失去控制，所以要好好教孩子如何去保護自己和別人。

我時常和孩子們說，一定要好好對待女朋友，要愛護對方，感謝對方。

當孩子開始交女朋友的時候，你也可以跟他多說的。

媽媽不要太擔心，加油啊！

父×母

Ch.5 Parenting

為人父母的都希望教導孩子如何遵守社會的規矩和制度，做一個善良的人愛護自己和世界。孩子們需要你的耐心，不要心急，不要打罵，互相尊重，互相愛護，那麼孩子一定能成為你最好的伴侶。

Q 美齡老師你好！我是一名五歲孩子的家長，最近有一個問題困擾著我。你覺得在教育中懲罰孩子，對孩子的成長好嗎？

我覺得在教育孩子的時候，當孩子做錯事，就要讓他們學習承擔責任，但懲罰並不是最好的方法。

孩子做錯了事，首先要耐心向他解釋，為什麼那件事是不可以做的、為什麼是錯的。也要教導他如何改變自己的做法或想法，輔導他去改過。

教育是希望能讓孩子「知錯能改」。首先就是要教孩子知道他們的行為是錯的，然後讓他有能力去改過。

打他、罵他、罰他，是希望通過給孩子一些難受的經驗，讓他知道做錯事會有痛苦的結果，所以下次不能再做，否則又會再接受懲罰。

有些孩子會很單純地接受這個方法，下次不敢再做；但有些孩子會覺得再做也沒有問題，只要家長不知道就可以。

而且如果他不明白為什麼這件事是不可做的話，他會覺得家長打他、罵他是沒有理由，是濫用權力，慢慢開始對父母有憎恨的感覺，會對家長反叛。

另一方面，家長也會覺得孩子「明知故犯」，下次發覺他做錯事的時候，會懲罰得更嚴重。如此下去，親子關係會變得越來越壞。

所以每當孩子做錯事，家長都應該覺得這是一個教育孩子的好機會。

幸好你看到孩子做錯，否則孩子一路錯下去，你也不會知道。

你要抱著一顆感恩的心去教導孩子。

「幸好媽媽看到呢。來，我們談談你的行為和感受好嗎？」

先問問孩子為什麼會做那件事，給多一點時間等他答覆、給他機會解釋，讓他自我反省。很多時候，孩子在自問自答的過程中，會發覺自己錯了而認錯。

但有些時候，他會有其他理由和想法。

明白他的立場之後，告訴他你的想法，互相討論為什麼媽媽是對的。有些時候可能是你誤解了孩子，那麼你就要告訴他：「對不起，媽媽誤會了。你真乖，媽媽向你學習。」

如此這般，孩子做錯的時候，不要一開口就責怪他，而是盡量去明白他，讓他有反省自己的機會。

如果他不能反省，就表示他不明白對錯。那就是你可以教他的好機會。

要說服孩子他做的事是不對的，家長一定要有說服力。可能第一次和他交談時，他不明白，你需要重複和他辯論、討論，直至他明白為止。家長要增加自己的說服力，道德上的問題也需要和孩子好好討論。若孩子真的明白了，認錯之後不重犯的話，就不需要懲罰。

若你覺得要增加孩子的責任感，讓他知道做錯事要承擔後果的話，可以和他討論如何做補償。若果他傷害了別人，他應該去道歉，求取寬恕；若果他打破了東西，可以用勞動來補償，例如在家打掃、洗衣服、洗碗碟等等，盡量用正面而不是負面的方式。希望你不會用例如「不帶你去玩」、「把你關在房間」、「不給飯你吃」等等的負面懲罰。因為這些懲罰會在孩子心裡留下負面情緒，只有正面的補償才可以讓孩子知道自己能做出貢獻。

說服孩子並不容易。我的大兒子第一次說謊，我用了八個小時說服他。之後他明白說謊是沒有意義的，不但傷害自己，也會傷害別人。

明白之後，不但他自己沒有再做，還會告訴弟弟們不要做。

要是我們的目的是教孩子做一個好人的話，懲罰孩子並不是最佳的方法。說服孩子，讓他明白對錯才是最好的方法。

加油啊媽媽！

Q 請問怎樣控制自己的脾氣？我和孩子打交道的時候，總是忍不住發他脾氣，甚至打罵，控制不住自己。

帶孩子是一件非常有意義、值得被尊重的重任。當父母並不是一件易事，我知道有些時候父母會失控，發孩子脾氣，甚至打罵孩子。

有些父母覺得打罵孩子是應分的；但有些父母希望能夠控制自己的情緒，用平靜的態度與孩子交流。

後者是好父母，前者是濫用父母立場的父母。

心理學家指出，忍不住出手打罵孩子的父母，往往在小時候也曾經受大人打罵。所以當你發覺自己容易失控，會發脾氣，或打罵孩子時，這可能是你從小學習的教導方法。

現在你成為媽媽，發覺自己容易發脾氣，甚至打罵孩子，但你同時希望能控制自己，這個想法表示你對孩子有憐愛，也知道自己的方法有問題，不喜歡發脾氣的自己。

這是一個非常好的開始，表示你願意和希望改變自己。

在心理輔導中，有很多可以控制自己情緒的方法。讓我們一起了解一下。

1. 知道為什麼會發脾氣

很多人發脾氣的原因是因為不能控制情況。譬如小朋友需要做功課，可是他在不停「打機」，你不能控制他，你就會發脾氣；或吃飯的時候，小朋友時常不小心，把東西掉在地上，你會發脾氣。這些事情是「觸發點」（trigger）。每逢碰到同樣情況，你就會容易失控。當你明白什麼是觸發的理由，你就會慢慢能預料到自己會發脾氣，那麼在發脾氣之前就可以用其他方法控制自己的情緒。

2. 發脾氣之前可以做的事

很多心理學專家都說，可以利用呼吸來控制情緒。想發脾氣之前，深呼吸十次，讓自己的心跳平靜下來。這個方法很有用，很多人用了這個方法後都可以平靜下來。我用的方法，是當我想向孩子發脾氣的時候，我會先向孩子說：「來給媽媽抱抱你。」一抱著孩子的時候，我會深呼吸，提醒自己有多愛孩子。這個方法也很有用，每次我都會回復平靜，可以平心靜氣的和孩子說道理。你也可以試一試。

3. 明白發脾氣不是教導孩子的好方法

發脾氣打罵孩子時，孩子大部份都會立刻道歉、聽話，所以很多父母誤會了以為已經教導了孩子。其實不是的。他們是怕你發脾氣和被打，所以就算不明白理由也好，立即道歉。但因為他們不明白為什麼不對，所以會重犯。他們重犯的時候，你會更憤怒，發更大的脾氣，打得更重，罵得更厲害！這是一個負面的連鎖，越打罵孩子，孩子越不聽話，父母和孩子都難受。所以要明白，發脾氣和打罵都不是教導的好方法。一定要把孩子說服，讓他們知錯能改。明白這個道理之後，你可以在發脾氣之前，先想想如何說服孩子。說服了孩子，孩子不再重犯，就可減低發脾氣的次數。

4. 離開現場

孩子長大了一點，而有些時候你真的不能控制自己情緒的時候，可以離開現場。譬如告訴孩子說：「媽媽現在要發脾氣了，但我不想發脾氣，所以我出去走走，你想一想你自己做的事對不對。」

這個方法很實用，因為大家都可以冷靜下來。這不是逃避，只是給自己一點時間和空間冷靜下來，也給對方一個機會去反省。

雖然我看上去好像很溫柔，但有時候也會很想在孩子面前發脾氣。那時我會對孩子說：「對不起，現在媽媽很難過。要哭了，又要發脾氣了，所以要出去走走。等一下回來再跟你們說清楚。」

每次跟他們這樣說，他們都會很後悔。孩子會追著我出家門，然後說：「對不起媽媽！你回來同我們說吧！」「媽媽對不起！對不起！」他們會很難過，要求我回家。你也可以試試這個方法。

5. 可能原因不在孩子身上

有些時候父母發脾氣，打罵孩子，並不是因為孩子做錯事，而是可能父母在工作上，或交友上有些不滿，孩子變成了發洩的對象。若果是這種情況，大人要好好反省。小孩子並不是我們發洩情緒的對象。大人需要找其他方式去處理自己的憤怒，不可以用孩子作出氣筒。

6. 找回自己喜歡的自己

若果你覺得發脾氣和打罵孩子的自己不是最好的自己，那麼可以努力去找回自己喜歡的自己。譬如微笑對待孩子，和孩子一起玩耍、擁抱孩子等等。這些都是立刻做得到的事，每天多做幾次，你會發覺這種感受非常有滿足感。慢慢你可以取回控制自己的能力。你若能控制自己，就可以控制情況，把主導權取回自己手上。負面的情緒會減少，正面的情緒會增加，每天就會更加快樂和自由。你會發覺你可以為自己驕傲，向發脾氣的自己說拜拜！

孩子年幼的時候，當父母的責任就是要教導孩子，如何遵守社會的規矩和制度，如何做一個善良的人，如何愛護自己和世界，如何在任何情況之下用最佳的態度表達自己的意見。孩子會模仿我們的行動，所以為了不讓負面的連鎖繼續下去，我們要努力控制自己的情緒。

Q 美齡阿姨你好！最近我家不到六歲的女兒發脾氣的時候會打我，我非常生氣，把她狠狠抽了一頓。過幾天在公園玩，比較放鬆的時候，我又好好跟她說了千萬不可以打媽媽。最近我在思考，怎樣教孩子學會感恩？怎樣幫孩子糾正不尊重母親的行為？期待你的建議。

孩子的行動，多數都是學回來的。

孩子學習時會採取幾種方法：受到教導而學會，模仿別人而學會，收集了各種知識而自己想到。

女兒打你，是如何學到的呢？

相信沒有人會教你的女兒打媽媽，所以可能是女兒模仿學會，或自己收集了知識而想到的吧。

那模仿誰呢？

你有沒有打過女兒呢？

有可能她的模仿對象是你嗎？

很多家長覺得打孩子是教育，是為了孩子好，但其實打孩子不是教育的好方法。孩子不但覺得痛，更覺得委屈，甚至憤怒。他們心裡不服氣的話，會對家長產生反感，會覺得：「惹媽媽生氣，媽媽就會打人。」所以她憤怒的時候，也會用打人的方法去表達和發洩自己的情緒。

而在她眼前的是你，你就成為了她暴力的對象。

你說你狠狠打了她一頓，之後告訴孩子不可以打「媽媽」！媽媽，這方法不可以再用呀！

打孩子在有些國家是犯法的呀！

首先，不要打孩子。要是孩子只是怕你，而不是服你的話，根本沒有改過，不改過就會重犯。

被打的孩子會學會打人，覺得生氣時打人發洩是自然的事，於是她也會在生氣時動手打人。

你說你「狠狠」地打了她，打的時候有心痛嗎？有想像女兒有多受傷嗎？你有和她一起哭嗎？

若你沒有心痛的話，女兒是感覺到的。但她還小，逃不了，只好默默受打。

後來你告訴女兒「不可以打媽媽」。你不是告訴她「不可以打人」，女兒可能會覺得：「為什麼不可以打媽媽？」

大部份家長會覺得：「生你養你，為你犧牲。養育之恩，不可忘記。」這是對的，沒有人照顧，孩子不能生存，父母之恩大如天。所以不可以打媽媽，不需要解釋。

但有些孩子會覺得：「你根本不愛我。那為什麼生下我？每天受你的氣，被打被罵，我不願做人了。」

當孩子覺得生存並不是一種恩惠時，父母的養育之恩對他們來說是沒有意義的，所以很難明白為什麼不能打媽媽。

一定要向孩子解釋清楚。

但因為你的行為有矛盾，所以很難解釋。

聰明的孩子會想：「我不可以打媽媽，但媽媽可以打我。不公平！」她心裡可能有極大的疑問。

我提議你先問問女兒被打的感受：「媽媽打你，你難受嗎？痛嗎？」

女兒會說：「痛，很難受。」

對女兒說：「媽媽知道你受苦了。」

擁抱女兒，讓她感受到你的愛。

這是讓女兒知道你關注她的想法，理解她的感受。這是很重要的。女兒不說話也好，哭起來也好，抱著她互相安慰。

然後你要作一個重大決斷，就是從今不再打孩子。

「媽媽以後都不會再打你，有什麼事我們好好商量。」

你做得到嗎？

若你有這決心，我有辦法幫助你教導孩子不再打人，包括父母在內。

你可以跟孩子說：「媽媽以為打你是為你好，是教你，未有好好想過你有多痛，多難受。現在想起，媽媽也心痛呢。媽媽愛你，想你做個好孩子，我們一起努力，好嗎？」

這是表示你後悔用打的方式去教她，但你不會接受她做錯事，你會一起和她找解決的方法。

你也可以問孩子：「記得那次你打媽媽嗎？為什麼打媽媽？事後有後悔嗎？」

看看女兒如何答覆。

要是女兒後悔的話，你可以說：「沒事了。媽媽原諒你。」「媽媽以後生氣也不再打人了！」

要是女兒說不後悔的話，表示你們的親子關係有很深的問題。因為女兒可能是缺乏同理心，想像不到其他人的感受，或能想像到，但加害了他人也不覺得後悔。

你要耐心地修正，重複地表示你對女兒的愛，培養女兒的同理心，更要讓她知道不可以傷害別人。

至於怎樣教導女兒有感恩之心和尊敬媽媽，我在答覆另外一位家長的問題時有提到。請參考第四章。

媽媽，女兒需要你的愛心，不要心急，不要打罵，女兒明白你關注她的感受時，她會很高興的。建立良好的親子關係，互相尊重，互相愛護，女兒一定能成為你最好的伴侶。

加油啊媽媽！

體×制

Ch.6 System

互相了解為什麼想法不同，不要讓爭議變成敵對或仇恨，不要讓意見分歧影響感情，要明白無論如何都是一家人。

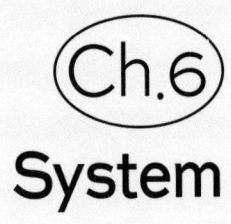

Q 自從這幾年的社會運動以後，孩子就和家長的關係差了很多。父輩偏藍，兒子偏黃，更有參與社會運動。如何能令各自的政治取向不影響到親子關係？

這個狀況在很多家庭也有發生。

孩子長大了會有自己的想法，這是無法避免的。家庭內的政治見解不同，不止在香港，在美國及其他國家的現狀也是這樣。有些家庭，成員之間不能接受對方的政治想法，不再交往；有些家庭「agree to disagree」，同意去不同意，除了政治以外，如常相親相愛。相信媽媽你是希望大家能如常相親相愛的吧。

要改變別人的思想並不容易，爸爸和兒子能否互相理解，誰也不知道。

但當妻子和媽媽的，可以堅持要他們互相尊重，互相包容，繼續互相愛護對方。不要讓他們的爭議變成敵對或仇恨，要他們明白無論如何都是一家人。

我和孩子對於世界動向、宗教、經濟的看法，很多時候都有出入。我們會討論，有些時候由晚上聊到天亮。我改變看法的時候也有，他們改變看法的時候也有；互相明白為什麼想法不同，但依然覺得自己是對的時候也有。但無論結果如何，我們都不會讓意見分歧影響我們的感情。

一邊是伴侶，一邊是孩子，我知道你很難做，也一定很傷心。但育兒其中一個最大的難關就是「放手」。我們不能一生一世保護孩子，也不能期望孩子一生一世服從我們。我不知道你的孩子有多大，但既然有參加運動，應該有十多歲以上吧。未成年的孩子，犯法了父母也有責任；成年人的孩子，基本上父母沒有任何責任，也沒有管他的權利。但做父母的就是永遠會為孩子擔憂，父母的愛是無止境的。重要的是當他遇上挫折時，他知道你會安慰他，幫助他，他不是孤獨無援。

世界正在激變。技術上的進步、政治體制的變化、思想的分裂、經濟重心的轉移等等，全球都在摸索著下一步。人類如何共榮共存應該是大前提，但往往不能和平相處。希望你的家庭能找到共同點，不會因政治立場而失去親情。以母親和妻子的立場，堅持把家人的牽絆拉緊。只要你不放棄，家庭是不會分裂的。媽媽，加油啊！

Q **我的經歷：香港的教育制度太過機械化、公式化及功利主義，期望學童做 copycat。我知道芬蘭的教育較為開放性，open-minded，著重教導孩子獨立思考、自理能力等；香港公開試，考機械性的背誦範文，漠視考生的創新思維。請陳博士教導現代知識水平屢創新高的年輕家長，如何教導子女。特別那些專業人士，莫讓他們成為怪獸家長，只著重學術成就，漠視左右腦分工。**

香港的教育制度，如這位發問者指出，的確需要有正面性的改革。尤其是現時注重考試分數來衡量孩子們的能力，是追不上潮流的教育程式。

因為 DSE 是「一試定終身」的公開試，所以有很多家長和老師，從小開始操練孩子的考試能力，而忽視了幫助孩子發展各自的潛力。這種高壓的教育制度，扼殺了很多年輕人的未來，也奪取了很多兒童和家庭的快樂時光。

讓我們談談 DSE 的弊病。

DSE 應該是一個畢業試，但它其實是一個入學試。畢業試是 Exit Exam（出口試），入學試是 Entrance Exam（入口試），兩種考試是不同的。畢業試是衡量學生在十二年間學習到的基本知識；入學試是選拔最優秀的學生，入讀政府花大額津貼的大學。

畢業試的問題應是直截了當，是希望全部學生都能夠合格的考試。

入學試的問題應是難題，期望選出最優秀的學生，是預想到有一部份學生會不合格的考試。

但 DSE 是兩試合一。

雖然口頭上是畢業試，但其實是淘汰試。每年都一定會有部份畢業生，變成不合格的「失敗者」。

家長和老師當然不希望自己的學生被 DSE 淘汰，所以從小就迫學生們學習如何成功在 DSE 得到好成績。

問題是，DSE 是最適合衡量學生潛質的評估方法嗎？

世界上大部份先進國家，大學都不是以一次考試的成績來決定取錄的。他們會用中學的成績、老師的推薦和學生的論文等等作評估。

這種評估能夠從多方面看到學生的成長和潛質，而且給學生更多空間去發展自己的長處。

香港的考大學方式，限制了學生們的多方面發展；重視分數的

DSE，更限制了學生們決定專科時的選擇。

學生往往用分數來決定專科，未必能進修自己喜歡的專門學問。無形中，大學不能取錄到最適合的學生，學生也未必能夠進修自己最擅長的學科。

這是很可惜的現象，在這個教育制度之下，我們浪費了很多優秀的人才。

我提議考大學的時候讓學生選擇其他方法，慢慢廢除 DSE，或把 DSE 作為畢業試，只是入學評估的一小部份。

DSE 的壓力減低之後，學生和家長在中學的時候，就需要盡早討論升學的選擇，討論的時候會更注重學生的潛力和本質，而不是他們的考試能力。

大學常指出，若要閱讀每一個學生的論文、成績和推薦書，那麼多論文，那麼多成績，評估學生的過程太繁複、太長，是不可能的事。但所有世界上頂尖的大學，每年都會做這個過程。

他們做得到，香港的大學不可能做不到。

也有大學指出，這個入學方式可能會不公平。但歷史上證明，大部份大學都能公平地選擇他們最需要的學生，學生亦可以自由選擇自己的大學。

為了追上潮流，香港的教育制度需要急速改革。以後，人工智能會取代很多單純的工作，甚至專業的工作，所以面向未來的孩子們，需要學習有創造力、跳出傳統思維框框的能力。這些能力都不是「一試定終身」可以促進的。

DSE 每年都會淘汰兩萬多名畢業生，讓他們覺得自己是失敗者。但其實他們不是失敗者，而可以說是這個制度的犧牲者。

有些年輕人會覺得很不滿，很失意，甚至憤怒！也有些年輕人會變得自暴自棄，不再相信自己的能力。為什麼要製造這麼多憤怒青年呢？改變教育制度，令每一個年輕人都可以從小夢想成為一個自己喜歡的自己，有一個快樂和幸福的未來。

每一個學生都有他們的長處短處。教育應該是讓他們可以尋找自己的長處，用自己擅長的技能貢獻社會，從中得到一個快樂的人生。

教育是希望能夠達到這個理想。

但現在香港的教育制度是反理想的。所以我希望香港能勇敢改革教育制度，令下一代的兒童能夠有一個快樂的學習環境和愉快的童年。

教育制度不改變，年輕家長如希望給孩子們多元化的學習，除了把孩子送入國際學校或去外國留學之外，沒有其他選擇。但這是經濟情況良好的家庭才能做到的。

香港唯一的資源是人才。

為了香港的未來，教育改革事不宜遲。

媽媽加油

陳美齡為你解答37個教育難題

作　　者　陳美齡

責任編輯　寧礎鋒
書籍設計　Tina Wen

出　　版　三聯書店（香港）有限公司
香港北角英皇道四九九號北角工業大廈二十樓
Joint Publishing (H.K.) Co., Ltd.
20/F., North Point Industrial Building,
499 King's Road, North Point, Hong Kong

香港發行　香港聯合書刊物流有限公司
香港新界荃灣德士古道二二〇至二四八號十六樓

印　　刷　美雅印刷製本有限公司
香港九龍觀塘榮業街六號四樓A室

版　　次　二〇二二年七月香港第一版第一次印刷
規　　格　三十二開（125mm × 185mm）二二四面
國際書號　ISBN 978-962-04-5021-1

三聯書店
http://jointpublishing.com

JPBooks.Plus
http://jpbooks.plus